Marcus Bren

Wie können mit virtuellen Communities Menschen für
gewonnen werden?

Marcus Bren

Wie können mit virtuellen Communities Menschen für Produkte und Dienstleistungen gewonnen werden?

GRIN Verlag

Bibliografische Information der Deutschen Nationalbibliothek: Die Deutsche Bibliothek
verzeichnet diese Publikation in der Deutschen Nationalbibliografie; detaillierte bibliografische Daten sind im Internet über http://dnb.d-nb.de/ abrufbar.

1. Auflage 2003
Copyright © 2003 GRIN Verlag
http://www.grin.com/
Druck und Bindung: Books on Demand GmbH, Norderstedt Germany
ISBN 978-3-640-68064-1

die.virtuelle

Marcus Bren

Wie können mit virtuellen Communities Menschen für Produkte oder Dienstleistungen gewonnen werden?

Diplomarbeit 2003
Schule für Gestaltung Bern und Biel
Technikerschule TS für Medienwirtschaft
und Medienmanagemenet (Visuelle Kommunikation)

Einreichdatum 2. Mai 2003

community

Inhaltsverzeichnis

Virtuelle Communities werden in dieser Arbeit mit VC abgekürzt.
Das Zahlenmaterial stammt, sofern nicht anderst angegeben, aus den Jahren 2002–2003

Einleitung

Bis Mai 2000 schien die Internetwelt noch in Ordnung. Ein prognostiziertes riesiges Wachstumpotenzial führte zu bedenkenlosen Investitionen in den Internetbereich. Boo.com, eine der grössten E-Commerce-Firmen, welche sich auf Bekleidung spezialisierte, galt als das Highlight. Innerhalb eines halben Jahres wurden über 100 Millionen US-Dollar ausgegeben, 300 Angestellte eingestellt und Filialen in Weltmetropolen errichtet. Dann kam der 18. Mai 2000. Das Wall Street Journal berichtete vom Scheitern des Internethändlers boo.com: «Dem Unternehmen fehlen zusätzliche 30 Millionen». Investoren wurde offenbar bewusst, dass irgendwas falsch lief und verweigerten weitere Investitionen. Boo.com war nach nur einem halben Jahr Pleite.[1] Die Ursachen des Niedergangs lagen in überzogenen Marketingausgaben und dem extravaganten Reisestil der Manager. Ein weiterer Grund dürfte aber sein, dass einfach viel zu wenige Kunden bei boo.com einkauften.
Boo.com war der Anfang einer Flut von weiteren Konkursen von Internetfirmen, nachdem ein Umdenken bei den Investoren stattgefunden hat. Es wurde nur noch sehr vorsichtig in den E-Business-Bereich investiert. Der Internet-Boom schien sich dem Ende zuzuneigen. Unternehmen erwarteten bei steigenden Nutzerzahlen eine ähnliche Zunahme der Käufer im Internet, was bei weitem nicht der Fall war. Die Gründe liegen im technischen Bereich, Sicherheitsfragen und beim fehlenden Vertrauen der Kunden gegenüber der Internetbranche.

Auch der Erfolg von Newsportale wurde angezweifelt. Gemäss einer Studie von Forrester Research gab es 1999 rund 43 Portale in Europa, dagegen nur 9 in den USA. Forrester sagte damals voraus, dass insgesamt nur 17 überleben werden und die Übrigen aufgrund hoher finanziellen Verlusten vom Markt verschwinden werden. Am aussichtsreichsten sind die Portale von MSN und Yahoo sowie diejenigen der Telekommunikationsunternehmen, so die Studie.[2]

Pessimismus ist aber fehl am Platz. Der richtige Boom dürfte erst noch bevorstehen! Nach einer anderen Studie von Forrester Research sollten 2006 bereits 200 Millionen Europäer (67% Prozent) regelmässig im Internet sein. Bei gleichbleibenden treuen E-Shopper wird 2003 mit einem Wachstum von 57% bei Onlinekäufen gerechnet.
Viele Communities haben die schwierigen Zeiten zwischen 1999 und 2003 überlebt und sind weiterhin am Leben. Aufgrund niedrigen Personalkosten und geringem Aufwand für Content. Mitgliedern stellen diesen kostenlos zur Verfügung und ersparen damit teure Journalisten.

Marketingexperten und Trendforscher sehen die aktuelle Situation als Wendepunkt an. Bei dem bekannte Markttechniken nicht mehr den gewünschten Erfolg bringen. Marktsegmentierungen, Produktpositionierungen und kreative Werbung immer unkalkulierbarer werden, da sich Märkte immer rasanter ändern und die gewöhnlichen Marktstrukturen auseinander brechen.
Dem Kunden sind Vertrauen und Geschwindigkeit immer wichtiger. Dabei möchte der Konsument vor allem eines, er will, dass seine Erwartungen erfüllt werden. «Das Produkt wird zu einer Dienstleistung».[3]
Community-Marketing soll genau an diesem Punkt ansetzen. Vertrauen schaffen und Kundenwünsche erfüllen. Durch diese Einbindung soll sich der Konsument fühlen, wie es sein eigenes Produkt wäre und immer wieder zu diesem Marktplatz zurückkommen. – Dies dürfte das höchste Ziel jeder Community sein. Weg von Profilierung und USP, hin zum 1:1 Marketing. Die Marke soll zum Mythos werden, welcher Universalität aufweist, aber auch die Unsichtbarkeit.[4] Dadurch werden Strategien und Visionen zurückgestuft und Zufälligkeit zunehmen.

---

[1] http://www.heise.de/tp/deutsch/inhalt/te/8165/1.html
[2] http://news.zdnet.de/story/0,,t101-s2048231,00.html
[3] Gerken Gerk, Cyberselling, Durch Communities zur neuen Masse, Metropolitan, Düsseldorf, Berlin, 2001, S.294 f.
[4] Gerken Gerk, Cyberselling, Durch Communities zur neuen Masse, Metropolitan, Düsseldorf, Berlin, 2001, S.102 f.

Das Prinzip der Fuzzy-Logik wird jenes der Logik ersetzen. Fuzzy (unscharfe) Logik beruht auf dem Prinzip «Je mehr man loslässt umso mehr behält man» und ist von Spontanität geprägt, während die Logik das Prinzip «Je genauer man zielt, umso mehr erreicht man» verfolgt. Sprich Soll und Kontrolle.[1]

Virtuelle Gesellschaften werden nur erfolgreich sein, wenn die Mitglieder sich frei bewegen und die Community mitentwicklen können. Community-Manager müssen in der Lage sein, Trends die sich in der VC entwickeln zu erkennen und die Richtigen umzusetzen. Hier liegt das grosse Erfolgspotenzial VC. Während Unternehmen in der Old-Economy dem Trend hinterherlaufen, werden VC's der Zeit voraus sein, denn sie erkennen die Trends, welche durch die Beiträge der Menschen generiert werden und so das wirkliche Leben reflektieren . Es gilt diesen Zeitvorsprung zu nutzen und umzuwandeln in einen hohen «Return of Invest».

---

[1] Gerken Gerk, Cyberselling, Durch Communities zur neuen Masse, Metropolitan, Düsseldorf, Berlin, 2001, S.236 f.

Teil 1

Was sind virtuelle Communities?

Begriffserklärung

Virtuelle Communities (VC) sind wie der Name schon sagt Gemeinschaften, Virtuelle Gemein-schaften oder vielleicht besser – virtuelle soziale Netzwerke. Sie leben von Menschen, die ihre Interessen mit anderen teilen und diese in der virtuellen Gemeinschaft durch interaktive Mög-lichkeiten wie Mailinglisten, Newsgroups, Chats und Webforen einbringen können. Die Unter-schiede zu Gemeinschaften im wirklichen Leben sind, dass sich die Mitglieder in virtuellen Gemeinschaften oft über ein grosses geografisches Einzugsgebiet erstrecken und man sich meist nicht im wirklichen Leben begegnet ist.[1] Viele Mitglieder können dadurch anonym ihre Mei-nungen und Wissen veröffentlichen, welche vielleicht im realen Leben aus verschiedenen Grün-den nicht möglich sind. Dies ergibt für die virtuelle Gemeinschaft Vorteile, aber es können auch Probleme entstehen, welche in dieser Arbeit später noch erläutert werden.

Die soziale Dynamik ist in der virtuellen und der wirklichen Welt indessen sehr ähnlich. Es geht um die Entwicklung von menschlichen Beziehungsnetzen mit gemeinsamen Interessen.[2] Ge-meinsame Reiseziele, Freizeitsbeschäftigungen oder gleiche Problemfelder sowie religiöse oder politische Einstellung können Themen einer virtuellen Gemeinschaft sein. Dabei ist das Ziel oft neue Freunde zu finden, Kontakte zu knüpfen oder die soziale Integration.

Die Mitglieder hinterlassen durch die Kommunikation mit anderen Gleichgesinnten in den Community. Informationen über sich und ihr Wissen. Dadurch steigt einerseits der Wissenswert der Community mit jedem neuen Beitrag, andererseits wächst aber auch das Wissen des Com-munity-Anbieter über die Interessen und Schwerpunkte der Mitglieder. Es entstehen Nutzer-profile, die dem Anbieter erlauben, die Community, den Bedürfnisse der Com-munity-Mitglieder anzupassen.[3] Kommerziellen Community-Anbieter bieten sich aber noch viele weitere Möglichkeiten diese Informationen zu verwerten, wie diese Arbeit auf den näch-sten Seiten aufzeigen wird.

VC werden in verbraucherorientierte- und B2B-Communities aufgeteilt[4] :

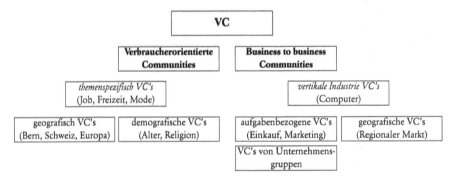

Hinweis: Dieser Arbeit konzentriert sich auf die verbraucherorientierten Communities.

[1] Rheingold Howard, http://www.thefeature.com/index.jsp?url=article.jsp?pageid=12070
[2] Kim Amy Jo, Community Building, Galileo Press GmbH, Bonn, 2001, 1. Auflage, Einleitung
[3] Hagel III John, Armstrong Arthur G., Net Gain, Falken Gabler, Niedernhausen 1999, Vorwort
[4] Hagel III John, Armstrong Arthur G., Net Gain, Falken Gabler, Niedernhausen 1999, S.141, 142

Definition der sozialen Gemeinschaft

Communities werden nach John Hagel III und Arthur G. Armstrong, Verfasser des Buches «Net Gain», in drei Gruppen eingeteilt:

1. Geografisch: Definiert durch eine physische Position wie Stadt oder Region

2. Demografisch: Definiert durch Alter, Geschlecht, Religion, Beruf, Ausbildungsniveau oder Nationalität. Auch können hier Einkommen oder die Grösse des Lebensraumes eine Rolle spielen z.b. Stadtgrösse.

3. Thematisch: Definiert durch gemeinsame Interessen, z.b Job, Freizeit, Familie, Mode, etc

Amy Jo Kim hat in Ihrem Buch «Community Building» noch folgende Gruppe hinzugefügt

4. Aktivitätsbasiert: Definiert durch gemeinsame Aktivitäten wie Einkaufen, Investments, Spiele, etc.[1]

Durch die Einführung der vierten Gruppe sind Überschneidungen fast nicht mehr zu vermeiden. Hobbies sind zum Beispiel auch Aktivitäten und können ebenfalls nach Themen geordnet werden. Im Grunde muss man dann auch eine fünfte Gruppe aufnehmen und die dritte als Interessenbasiert bezeichnen, damit die Überschneidungen geringer werden. Selbstverständlich überschneiden sich alle Gruppen mehr oder weniger. Der Sinn der Einteilung ist es jedoch zu wissen, was der Schwerpunkt der Community sein soll, um so gezielt die Community mit Zusatzfeatures auszubauen.

5. Meinungsbasiert: Definiert durch Politik, Produkte, Zukunft, Soziale Fragen etc.

Der Grund ist folgender, die Gruppen 2-5 sind psychoanalytische Merkmale, welche die Persönlichkeit und den Lebensstil eines Menschen beschreiben. Dazu gehören neben Aktivitäten und Interessen auch Meinungen und demografische Merkmale[2]. Dementsprechend können Communities also in 5 Gruppen eingeteilt werden. Ich habe unten einige Communities als Beispiel in diese Gruppen eingeordnet.

1. Geografisch: meinberlin.de (Stadt)

2. Demografisch: turkdunya.de (Nationalität), buddhistonline.com (Religion), medi-foren.de (Beruf)

3. Interessenbasiert: nzvillage.com (Freizeit, Urlaub), zappybaby.de (Familie), netdoktor.de (Gesundheit)

4. Aktivitätsbasiert: wallstreet-online.de (Investments), zone.msn.com (Spiele)

5. Meinungsbasiert: ciao.com (Produkte), dooyoo.de (Produkte)

---

[1] Kim Amy Jo, Community Building, Galileo Press GmbH, Bonn, 2001, 1. Auflage, S.24f
[2] Fill Chris, Marketing-Kommunikation, Pearson Studium, München, 2001, 2. Auflage, S.221ff

Die Mitgliedschaft

In der Gemeinschaft selber entwicklen sich die Mitglieder wie auch im richtigen Leben immer weiter. Oft sieht der Lebenszyklus der Mitglieder wie folgt aus: Beim ersten Besuch der Community erhält der User den Besucherstatus. Bei der Registrierung oder nach dem ersten Beitrag in der Community wird er als Neuling bezeichnet. Somit erkennen ältere Mitglieder wer noch in das Community Leben eingeführt werden muss. Hat sich der Neuling eingelebt und einige Beiträge geschrieben, steigt er in die nächste Stufe auf. Als reguläres Mitglied gehört er nun zu den Stammgästen. Die meisten Mitglieder werden in dieser Stufe bleiben. Besonders Engagierte und Freiwillige werden zu Führern ernannt. Sie sollen Neulinge unterstützen, die Community moderieren und so Recht und Ordnung schaffen. Wie im öffentlichen Leben wird es in fast jeder Community Unruhestifter geben. Diese müssen raschmöglichst von den Führern erfasst werden, bevor diese Schaden anrichten. Die Führer können aber auch Supportfunktionen oder für die Koordination von Events eingesetzt werden.[1] Jede Community hat ihre eigenen Aufgaben für die Führer. Die nächste Ebene besteht aus Senior Mitglieder, eine Stufe die nur Langzeit-Mitglieder und Leader erreichen können. Sie sind sozusagen die Grossväter der Community und pflegen die Kultur, die sie mitentwickelt haben. In der Regel sind dies die Hierarchiestufen. Einige Communities ernennen besondere Mitglieder auch noch zu Ehrenmitgliedern, spezielle Leistungen sollten auch in der Community ausgezeichnet werden.

Die üblichen Stufen einer Community im Überblick

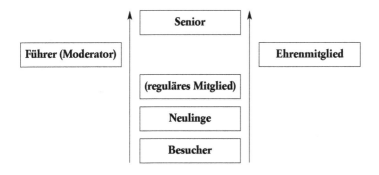

weitere Sonderfunktionen sind:
Experte, Supporter und natürlich der Administrator oder Webmaster.

Die Richtlinen (Netiquette)

Was in der Community erlaubt ist, was nicht und wie man sich zu benehmen hat, wird im sogenannten Netiquette festgelegt, welche für jedes Mitglied einsehbar sind. Hier werden die inneren Werte der Community festgelegt.

---

[1] Pawlowitz Nina, Kunden gewinnen und binden mit Online-Communitys, Campus Verlag GmbH, Frankfurt/Main 2001, S.150ff

Aufbau von virtuellen Communities

(Hard- und Software-Aspekte werden unter Investitionen erläutert. S.27)

Communities lassen sich in drei Grundelemente einteilen:

Information	Die von den Mitgliedern geposteten Beiträge, Empfehlungen, Angebote oder redaktionelle Beiträge.
Kommunikation	E-Mail, Mailinglisten, Diskussionsforen, Newsgroups, Chat, Newsletter und weitere interaktive Elemente
Kunde	Soziale Bedürfnisse erfüllen. Zugeschnittene Produkte und Leistungen. Wissbegierig nach Informationen.[1]

Positionierung von Communities

Virtuelle Communities sollten nicht nach dem konventionellen Modell positioniert werden, da dies den Community-Gedanken mindern würde. Die Positionierung sollte sich aus den Beiträgen der Community-Mitglieder selber entwickeln, damit die Community zum Mythos erhoben wird. Unter Mythos versteht man das Handeln und Wirken, welches sich zum Glauben entwickelt. Dies führt zu einer hohen Kundenbindung. Die Mitglieder können sich mit dem Inhalt identifizieren.

Bei vorhergehenden Positionieren läuft man die Gefahr, dass durch die Entwicklung innerhalb der Community ein gegensätzlicher Trend entwickelt wird. Will man die Positionierung dennoch durchsetzen, muss mit Verlust von Mitglieder gerechnet werden – der Tod jeder Community. Zudem kann durch vorhergehende Positionierung kein echter Mythos generiert werden.[2]

Entwicklungsstufen & Erfolgsfaktoren von VC's [3]

Grundsätzliches:	Genügend spezifischer Interessensschwerpunkt, auf Mitgliederinhalt konzentrieren und eigenes Engagement einbringen.
1. *Mitgliederstamm aufbauen*:	Registration in den Suchdiensten, Investition in PR und Marketing, attraktiver Inhalt, auf Benutzungsgebühren verzichten. *Ziel:* Zielgruppe auf die VC aufmerksam machen und als Kunde gewinnen.
2. *Beteiligung fördern*:	Beiträge selber erstellen um andere zur aktiven Beteiligung zu animieren. Promis & Gastredner einladen zum Chat-Meeting. *Ziel:* Leere Foren und Chat sind unattraktiv. Der Besucher muss sehen, dass etwas läuft in der Community. Er wird so auch selber Beiträge verfassen.
3. *Loyalität aufbauen*:	Der Benutzer soll sich heimisch füllen. Kommunikation und Aufbau von persönlichen Beziehungen, Engagement auf beiden Seiten. *Ziel:* Benutzer anregen zum regelmässigen Besuch.

[1] Grothe Dr. Martin, Präsentationsunterlagen, i-d media, Berlin, 2001
[2] Gerken Gerd, Die fraktale Marke, ECON Verlag, Düsseldorf, 1994, 267, 337ff, 429ff
[3] Dr. Web, http://www.drweb.de/mehrbesucher/communities_1.shtml
Grothe Dr. Martin, Präsentationsunterlagen, i-d media, Berlin, 2001

4. *Geschäftlicher Nutzen:*   Produkte und kostenpflichtige Dienstleistungen anbieten.
                     Werbung, etc.
                     Ziel: Einnahmen generieren durch die VC.

weiter Erfolgsfaktoren

Funktionalität
Oft sind Benutzer in VC am Anfang etwas überfordert. Der Registrationsprozess aber auch die
vielseitigen Funktionselemente einer Community sollten deshalb einfach und übersichtlich ge-
staltet werden. Bringen Sie auf den einzelnen Seiten immer eine Kontaktadresse und einen Link
zur FAQ-Liste an (häufig gestellte Fragen mit Antworten)

Überwachen
Überwachen Sie die Beiträge der Mitglieder. Leider gibt es immer wieder Störenfriede die sinn-
lose oder unpassende Beiträge verfassen, kommerzielle Werbung publizieren oder sogar gegen
das Gesetz verstossen. Solche Beiträge sind sofort zu entfernen um nicht Mitglieder zu verlieren
oder um evtl. Gerichtsverfahren vorzubeugen.
In Deutschland kann z.b. der Paragraf 8 des Teledienstgesetzes angewendet werden in dem es
heisst: *«Dienstanbieter sind für eigene Informationen, die sie zur Nutzung bereithalten, nach den allgemeinen Gesetzen verantwortlich (...) Verpflichtung zur Entfernung oder Sperrung der Nutzung von Informationen nach den allgemeinen Gesetzen bleiben auch im Falle der Nichtverantwortlichkeit des
Dienstanbieters (...) unberührt.»* Damit ist der Betreiber auch verpflichtet Beiträge von Dritten zu
überprüfen, welche sich an die Gesetze halten müssen.
Die Strafverfolgung richtet sich in der Regel nach dem Urheber der Straftat, jedoch kann auch[1]
der Betreiber zu Schadensersatz bei unterlassener Löschung des Beitrages verpflichtet werden.[1]

---

[1] http://www.akademie.de/websiteaufbau/tipps_tricks/content_vermarktung/content/virtuelle_hausrecht_druck.html

Nutzen für Anbieter

Virtuelle Communities bringen den Anbietern wertvolle Daten. Je nach Form der Registration werden E-mail Adresse, Name, Anschrift, Alter, Interessen, Einkommen etc. erfasst. Mittels Datenmining Software können zudem Inhaltsdaten und Bewegungsdaten aufgezeichnet werden. Diese können dann für gezielte 1:1 Marketingmassnahmen in der Community eingesetzt werden oder für das herkömmliche Marketing, wie z.B Direkt-Mails. Neben den erfassten Daten werden in der Community auch die Wünsche der Mitglieder ersichtlich. Davon profitieren Produktehersteller wie Dienstleister. Probleme können behoben werden oder werden erst erkannt, Cross-Selling Potential besteht und kann richtig eingesetzt werden. Trends werden frühzeitig erfasst, welches zu einem enormen Wettbewerbsvorteil gegenüber Konkurrenten führen kann. Dies alles ohne zusätzlichen Kostenaufwand, die bei Meinungsforschungsinstituten oder Beratungsfirmen anfallen würden.

Desweiteren darf man auch nicht vergessen, dass viele Mitglieder die VC ihren Verwandten und Freunden weiter empfehlen – Mund-zu-Mund Propaganda ist ja bekanntlich die beste Werbung. Alle diese Effekte führen, sofern sie richtig eingesetzt werden, zu einer höheren Kundenbindung und dadurch zu mehr Umsatz. Dies bestätigt auch die Studie von Emnid im November 2002. 53% der Community-Mitglieder gewinnen im Durchschitt acht weitere Personen. Jede fünfte Person davon wurde später Mitglied in der Community. Es sind zwar nur 36% an den Produkten, die in der Community angeboten werden sehr interessiert, dennoch ist man offen für solche Angebote, so die Studie.[1] AT & T konnte durch das Analysieren der Community-Mitglieder gegenüber anderen Verfahren eine längere Kundenbindung feststellen. Dies führte zu einem höheren Return on invest.

Nutzen für Anwender

Mitglieder erhalten im Gegenzug die Möglichkeit sich gegenseitig über Erfahrungen mit Produkten, Dienstleistungen oder anderen Sachen auszutauschen oder einfach nur um Spass zu haben. Sie finden Gleichgesinnte die die gleichen Probleme , Wünsche oder Interessen haben und können sich so gegenseitig unterstützen, motivieren oder Lösung vermitteln.

Stellen Sie sich vor, Sie haben gerade einen DVD-Brenner für Ihren Computer gekauft. Wie so üblich ist ihr Kollege, ein Computerfreak, gerade nicht zu Hause, aber sie müssen unbedingt eine DVD für einen Kunden brennen. Sie versuchen nun diesen DVD-Brenner selbst in den Computer einzubauen. Wie funktioniert dies nun?(...). Sie rufen den PC-Supermarkt an, wo sie vor einigen Stunden den Brenner gekauft haben. Nach mehrmaligen Besetztzeichen kommen Sie endlich durch, jedoch haben Sie leider die Büroangestellte am Apparat, die ihnen nicht weiterhelfen kann. Jetzt kommt ihnen aber die glorreiche Idee mal im Internet nachzusehen. Und siehe da, da gibt es bereits eine Anleitung.... der Brenner ist in wenigen Minuten eingebaut. Sie starten den Computer auf und die erste Fehlermeldung erscheint vor Ihren Augen: Systemkonflikt.... Die Lösung finden Sie nun auch in der Anleitung, welche sie aus dem Internet heruntergeladen haben nicht mehr. Da hilft nur noch die Computer-Community. Sie loggen sich ein und stellen ihr Problem in die Community. Wenige Minuten später antwortet PC-Freak Paul auf Ihre Frage. Probieren Sie mal dies und das. Glücklicherweise hat PC-Freak die richtige Lösung und die CD kann gebrannt werden.

Vielleicht sagen sie jetzt, dass war gerade Zufall das PC-Freak Paul so schnell geantwortet hat. Dies kann sein! Da jedoch in der Community vielleicht schon die selbe Frage früher gestellt wurde, kann mittels Suchfunktion, die Lösung doch noch gefunden werden. Den je länger die

---

[1] http://www.emnid.tnsofres.com, Erfolgsfaktor Internet Community, 11.2002
[2] http://www.metropolis-ag.de/de/knowhow/exkurs/nutzen.php

     9

Community existiert um so mehr Informationen weist sie auf. Aber nicht nur für Problemlösungen eignet sich die Community sondern auch zum Reisepartner suchen, flirten, politische Meinungen vertreten oder einfach nur zum Zeitvertreib oder unterhalten im Chatbereich. Dies sind nur einige Möglichkeiten die Communities bieten können. Mitglieder können, wie oben erwähnt, auch Produkte oder Dienstleistungen mitentwickeln. Sie bekommen meist kein Geld dafür, erhalten aber ein besseres auf Ihre Wünsche abgestimmtes Produkt.

Kurzgefasst sind erfolgreiche Communities ein Geben und Nehmen. Dies muss auf beiden Seiten eingehalten werden. Die Gefahr, Mitglieder wieder zu verlieren passiert schneller als man denkt. Es wäre schade, denn die Mitglieder sind das Erfolgspotenzial jeder Community.

Nutzen anhand des Beispiels von CookingClub.de

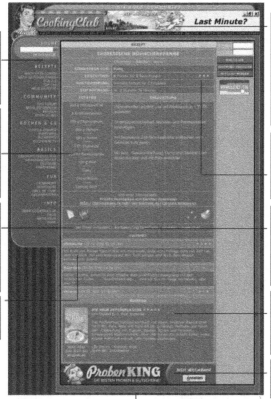

Hunderte Rezepte und Suchmöglichkeiten nach Zutaten lassen jedes herkömmliche Kochbuch alt aussehen.

Möglichkeit: Einkaufszettel per SMS aufs Handy senden damit man nichts vergisst fürs Rezept.
Free SMS könnte mit Werbezeile versehen werden.

Rezept per E-Mail an Freunde senden. Resultat: CookingClub wird bekannter und die Freunde erhalten ein tolles Rezept. Win-Win.

Mitglieder geben ihre Erfahrungen mit dem Rezept ab.

Einnahmen durch Advertising.
Optimierungspotenzial: Bei Registrierten User Werbebanner gemäss Interessensgebieten, welche bei der Anmeldung vermerkt werden.

Beiträge bewerten sorgt für Traffic und hilft den Mitglieder bei der Auswahl des richtigen Rezeptes.

Rezept kann zu einem persönlichen Rezeptbuch hinzugefügt werden. Resultat: Erhöht Kundenbindung.

Mitglied erhält Buchempfehlung zum Thema. CookingClub erhält Provision beim Verkauf.

Einnahmen durch Advertising.

CookingClub.de bietet unzählige Kochrezepte, welche von den Community-Mitglieder täglich ergänzt und diskutiert werden. Der Nutzen für die Anwender ist enorm. Praktisch aus allen Ländern gibt es Rezepte und für alle erdenklichen Zutaten sind Rezepte zu finden. Der Anbieter profitiert andererseits von der Contenterstellung der Mitglieder, welche die Anzahl Rezepte in der Community kostenlos steigen lässt, und der Mund-zu-Mund-Propaganda. Dies führt zu einer hohen Besucheranzahl auf der Website, welche in diversen Formen vermarktet werden kann.

Teil 1

Einsatz von VC zur Produktvermarktung

Unterschiede zwischen 1:1-Marketing und klassischem Direkt-Marketing

Direkt-Marketing ist in allen Munden. Ziel ist es, Kunden über Direct Mailings persönlich anzusprechen. Direkt-Marketing beruht darauf einen Sammelbrief mit Daten der angeschriebenen Person zu ergänzen. So werden im Sammelbrief Variablen definiert welche dann mit den Daten der entsprechenden angeschriebenen Person aus der Datenbank ersetzt werden. Häufig werden die Variablen Name und Vorname definiert. Im Brief steht dann anstatt der Variable Name z.b. Müller und für die Variable Vorname z.b. Kurt. In Zukunft werden z.b. bei Newsletter von Autoherstellern auch die Wunschfarbe des Kunden berücksichtigt. Kurt Müller, der die Farbe rot bevorzugt, wird im Newsletter dann den Porsche in rot abgedruckt erhalten. Susanne Kleid, die das giftige Grün bevorzugt dementsprechent den Porsche in grün.

Das klassische Direkt-Marketing ist dennoch sehr begrenzt und Kunden werden sich schnell an diese Form gewöhnen bzw. haben sich schon längst daran gewöhnt und sehen nicht spezielles dabei. Ja es ist schon üblich, dass man mit dem Namen angesprochen wird und es ist ersichtlich, dass diese Daten nicht speziell auf einem zugeschnitten sind, sondern einfach mit einmal gemachten Angaben optimiert wurde. Kurz gesagt, man wird mit dieser Methode langfristig immer weniger Kunden gewinnen können als im Vergleich zu normalen Prospekten.

Vor allem wenn sich die Einstellungen des Kunden mittlerweile geändert haben und Susanne Kleid unterdessen grün nicht mehr sehen kann, droht sogar der Verlust des Kunden.

1:1 Marketing geht wesentlich weiter als Direkt-Marketing und ist auf Grund von aktuellen Daten speziell auf den einzelnen Kunden zugeschnitten. Das Internet bietet durch hochwertige Daten die Möglichkeiten 1:1 Marketing umzusetzen, was im klassischen Direkt-Marketing nicht möglich ist. Bei 1:1 Marketing werden Daten generiert ohne dass der Kunde bewusst Angaben dazu machen muss (Bewegungs-, Inhaltsdaten). Selbstverständlich kann auch dies der Fall sein z.B bei der Registrierung (Stammdaten). 1:1-Marketing erfasst Daten (Spuren), die der Kunde im Internet hinterlässt. Um personalisierte Daten zu erhalten, muss sich der Benutzer zuerst einloggen. Ist dies nicht der Fall spricht man von unpersonalisierten Daten, welche nicht einem Benutzer zugeordnet werden können. Jedoch eignen sie sich zur Usabilityverbesserung oder für die Trendanalyse. Dazu später mehr in dieser Arbeit unter Trendforschung. In beiden Fällen spricht man von Datenmining, das Basiselement von 1:1 Marketing. Was ist nun 1:1 Marketing? Die erfassten Daten werden beim Einloggen sofort dem Benutzer zugeordnet. Der Benutzer wird z.B. mit seinem eigenen Namen begrüsst, erhält News und Angebote, die seinem Profil entsprechen. Er wird dank Data Mining auch Produkte angeboten erhalten, welche eine hohe Korrelation zu seinem Profil aufweisen. Es mag nun den Anschein erwecken, dass Communities dafür nicht gebraucht werden. Dies ist korrekt, jedoch wird durch das Gemeinschaftgefühl, welches durch Communities entsteht das Kaufverhalten positiv beeinflusst und gesteigert. VC weisen eine höhere Kundenbindung auf gegenüber nicht nutzerspezifischen Angeboten. Die Streuverluste des Produktemarketings sind wesentlich geringer. Nach einer Umfrage von Emnid im November 2002 erzählen die Community-Mitglieder das besuchte Angebot an durchschnittlich 8 Personen weiter. Zwar sind nur 36% der Mitglieder an den Produkten sehr interessiert. Durch das Gemeinschaftsgefühl sind die Mitglieder aber wesentlich empfänglicher für Produkteplatzierung, so die Studie.[1] Bis jetzt ungeklärt ist der Datenschutz der Mitglieder. Dürfen solche Daten überhaupt generiert werden? Mehr dazu unter Ethik und Datenschutz(gesetzen). Communities bieten Dank der hohen Kundenbindung also bessere Chancen zum erfolgreichen 1:1 Marketing gegenüber reinen E-Commerce-Shops.

---

[1] http://www.emnid.tnsofres.com, Erfolgsfaktor Internet Community, 11.2002

Data-Mining Profilgenerierung

	Benutzer	
Eintritt	nicht-registrierter Benutzer	registrierter Benutzer (Stammdaten)
Data Mining	nicht personalisiert	personalisiert
Profil	allgemein	persönlich
Datenbank	Sammelprofile	Individuelle Profile
Ermittelt wird u.a.	Browser, Bewegungsdaten	Assoziationen, Inhaltsdaten
Nutzen für Anbieter	mittel	hoch
Nutzen für Kunde	gering	geringe bis hoch
Ziel	Usability Verbesserung	Verkaufssteigerung
	Trendanalyse	

Fazit:

Klassisches Direkt-Marketing versucht ein totes Produkt lebendig zu machen, indem man es personalisiert. 1:1 Marketing wird durch den Benutzer selbst beeinflusst und in Communities durch Liebe und Glauben an den Inhalt der Community sowie eigener Energie beim Erstellen oder Lesen von Beiträgen ins Bewusstsein des Benutzers gerufen, weshalb die Kaufkraft wesentlich steigt. Im optimalen Fall wurde eine Vorstellung eines Produktes nun lebendig.[1]

Gemäss einer Studie von Emnid zeigt sich jeder zweite Intenet-Nutzer bereit Informationen über seine Vorlieben bei Produkten und Dienstleistungen Auskunft zu geben. 20% der Nutzer ist es sogar recht, wenn Rückschluss zur Person gemacht werden und 10% sehen sogar ein Vorteil wenn Sie einer Community beitreten, die ihre Wünsche befriedigt. Der Weg ist also nicht mehr weit, damit der Nutzer nicht nur Informationen in der Community abholt, sondern auch gleich dort einkauft.[2]

---

[1] *Gerken Gerd*, Die fraktale Marke, Eine neue intelligenz der Werbung, ECON Verlag, Düsseldorf, 1994, S. 701
[2] *Emnid*, Presseinformation zu One-to-One Marketing, 2002

VC als Marketinginstrument

Produktpolitik

Welche Produkte & Dienstleistungen eigenen sich über VC vermarktet zu werden und wie werden die Marketingmassnahmen am besten eingesetzt? Die Antwort auf diese Frage ist abhängig vom Thema der VC. Während Bücher, Videos, DVD, Musik und Software fast in jeder VC vertrieben werden können, dürften Reisen vor allem bei VC mit dem Inhalt Touristik hohe Kaufkraft auslösen. Generell sind aber alle diese Produkte gut geeignet um über das Internet vertrieben zu werden. Andere Produkte sind eher abhänging vom Thema der Community. So wäre z.b. Medizincommunities eine ideale Plattform für Arzneiprodukte während in einer Filmcommunity diese Werbung wenig Beachtung finden würde. Dafür würden Chips & Getränke Werbung mehr aufsehen erregen. Bei beiden Beispielen sind die Einnahmen eher auf der Werbeseite zu erwarten als im direkten Produkteverkauf, während Bücher, DVD etc. direkt über die Community-Plattform verkauft werden können. Der Grund liegt bei Arzneimittel auf der rechtlichen Seite, bei Getränken und Chips sind die hohen Portokosten und das fehlende Einkaufserlebnis in der VC, welche den Verkauf über die VC mindern.

Einige Ideen für den Produkt- & Dienstleistungsverkauf über VC

Filmcommunities
Filme, Soundtracks, Merchandisingartikel

Reisecommunities
Reisen, Reiseversicherungen, Reiseliteratur und Reisevideos

Studentencommunities
Reisen, Bankkonten, Kreditkarten etc. für Studenten, Elektronik (Rechner), Hard- & Software

Verbrauchercommunities
Produkte die besprochen werden und einfach per Post verschickbar sind

Finanzcommunities
Bankkonten, Aktiendepots, Kredite, Börsenbriefe, Versicherungen, Bücher und Software

Gamecommunities
Soft- und Hardware

Medizin- und Elterncommunites
Versicherungen im Gesundheitsbereich, Reiseversicherungen, Magazinabos
Medikamente (gesetzliche Vorschriften beachten)

Berufscommunities
Stellenbörse, Produkte die auf den entsprechenden Beruf zugeschnitten sind.

Geografische Communities
Hotels, Reisen, Vergünstigungskarten, Souvenirs

Generell Communities
Musik, Filme, Bücher, Kosmetik

Preispolitik & Distribution

Der Preis ist in der Regel abhängig von der Eigenschaft des Produktes, der Preisbereitschaft der Kunden, des Vertrauens gegenüber dem Anbieter und natürlich der Konkurrenz. Dies ist auch im Internet nicht anderst.
Im Internet werden reale Produkte und solche in der digitalen Form vertrieben. Während bei den digitalen Produkte der Vertrieb meist nur geringe Kosten verursacht, eignen sich diese sehr gut für den Verkauf. Digitale Produkte sind z.b. ein Buch im PDF-Format, Software per Datenübermittlung, Eignungstest die online gegen eine Gebühr ausgewertet werden (z.b. Was ist der richtige Job für mich), Informationszugang gegen Entgeld usw. Bei den realen Produkten fallen hohe Kosten für den Vertrieb an, angefangen bei der Lagerung über die Verpackung bis zu den Versandkosten. Hier muss man sich entscheiden ob der Aufwand, Inhouse erledigt wird oder an einen Logistikpartner abgetreten werden soll.
Dies führt unter anderem dazu, dass die Preise im Internet schlussendlich nicht günstiger sein müssen als im konventionellen Handel, evtl. sogar teurer sind. Wie dem auch sein mag, der Preis alleine ist nicht entscheidend, es sind andere Gründe die den Käufer zum Kauf anregen. Oft sind diese bei guten Serviceleistungen zu finden. Bei Communities z.b. nützliche Informationen zum Produkt, Testkommentare und das Austauschen zwischen den Mitgliedern, die Loyalität gegenüber der Community oder rein emotionale Entscheidungen, welche den Kaufentscheid ausmachen. Ebenfalls ausschlaggebend könnte die Bequemlichkeit der Menschen sein.
Da Communities in der Regel eine höhere Kundenbindung aufweisen als reine E-Shops, besteht die Möglichkeit bei Fremdanbietern höhere Provisionen zu verlangen, sofern man dies belegen kann und auch über genügend Mitglieder verfügt. Der Endpreis sollte aber mit der Konkurrenz mithalten, da sonst die Gefahr besteht den Käufer direkt an den Fremdanbieter zu verlieren. Besonders geeignet sind Produkte die nur über die Community bezogen werden können, hier ist dann ein Preisaufschlag möglich. Ebenfalls denkbar wäre ein Rabattsystem für Mitglieder. Besonders aktive und langjährige Mitglieder erhalten gegenüber Neulingen mehr Rabatt auf die Produkte, welche in der Community angeboten werden.

Neben speziellen Community-Rabatten bei 4students.de erhalten die Mitglieder auch «Steine» für aktives Mitwirken, welche gegen Geld umgetauscht sofern man die 4students-Kreditkarte besitzt oder man ersteigert mit den Steinen Produkte in Auktionen.

Weitere Möglichkeiten zeigt 4Students.de auf. Für Beiträge in der Studenten-Community erhält man Steine. Diese wird man dann in Auktionen wieder los, was die Kundenbindung natürlich weiter fördert. Produkte könnten z.b mit aktiven Mitwirken vergünstigt werden, bei 4Students ist dies momentan noch nicht der Fall, hier wird nur mit Steinen gezahlt.
Für Communities eignet sich dementsprechend eine Preispolitik, die mit dem Mitwirken in der Community direkt verbunden ist. So kann einerseits die Kundenbindung gefördert werden, andererseits sind die Produkte nicht mehr ganz identisch mit der Konkurrenz da sie mit aktiven Mitwirken vergünstigt werden können, was eine freiere Preispolitik zulässt, sprich höhere Preise dafür mehr Einwirkungsmöglichkeiten auf den Preis.

Kommunikationspolitik

Für Communities besonders wichtig ist die Öffentlichkeitsarbeit. Da VC in der Regel einen sozialen Hintergrund besitzen, stehen die Chance gut, dass Zeitungen und Magazine über die VC berichten. Deshalb sollten Pressetexte mit Bildmaterial an die verschiedenen Verlagshäuser versandt werden. Besonderes Augenmerk kommt auch den Mitglieder entgegen, welche die Community mittels Mund-zu-Mund Propaganda weiterempfehlen. Deshalb sollte man die Mitglieder immer über nennenswert Neuheiten in der Community informieren.
Die Kommunikationspolitik von Communities sollte offen und transparent sein, damit die Mitglieder sich wie zu Hause fühlen. Das Herzstück jeder Community sind die Mitglieder. Geht man auf die Anliegen der Mitglieder ein, desto mehr wird die Kundenbindung gefördert.

Zielmarkt

VC sollten sich spezifizieren. Bei zu allgemeinen Themen läuft man Gefahr, dass die Qualität der Beiträge sinkt und die Mitglieder nicht ein spezielles Verhältnis zur Community entwickeln Jedoch darf das Thema auch nicht zu spezifisch sein, da sonst das Gegenteil der Fall ist – man zieht zuwenige Mitglieder an. Beachtenswert bei der Zielmarktdefinition ist welche Partner können für diese Community gewonnen werden und wie soll die VC finanziert werden.

Beispiel Zielmarkt Evaluation anhand Beispiel CookingClub

CookingClub spricht eine klare Zielgruppe an. Angesprochen werden vor allem Hausfrauen und Hausmänner bzw. die Hobbyköche. Die Grösse der Zielgruppe eignet sich gut für eine erfolgreiche Community. Auch das Thema ist klar vorgegeben. Eigentlich die besten Voraussetzungen für eine profitable Community, jedoch welche Partner können dafür gewonnen werden?
Ein Supermarkt als Partner, welche die Zutaten gleich ins Haus liefert? Die aktuelle Situation hat gezeigt, dass der Verkauf von Lebensmittel noch nicht erfolgreich ist. Auch eine gewisse Mindestbestellmenge ist erforderlich, damit der Versand kostendeckend ist. Fazit: Zum momentanen Zeitpunkt kann ein Supermarkt wohl kaum als Partner gewonnen werden.
Buchhandel als Partner? Ein idealer Partner, jedoch werden die Einnahmen wahrscheinlich die Community nicht finanzieren können.
Als Einnahmequelle geeignet sein könnten bei CookingClub neben den Bannereinblendungen z.B. kostenpflichtige Kochveranstaltungen indenen sich die Mitglieder treffen und ihre Kochkünste unter Beweis stellen oder z.B. Einkaufslisten, welche per SMS aufs Handy gesendet werden und mit einer Werbezeile versehen werden könnten. Eine weitere Möglichkeit wäre Hersteller von Kochzubehör einzubinden. Via Shop könnten so die Mitglieder Pfannen, Besteck, etc. bestellen.
Fazit: Gute Partner für eine CookingCommunity zu finden sind intakt, jedoch ist die Auswahl eher beschränkt. Dank dem qualitativ hochwertigen Content und bei genügend vielen Mitgliedern besteht die Möglichkeit auch die VC kostenpflichtig zu machen. Dies ist aber momentan nicht im Interesses des Anbieters.

Potenzial zur Kundenbindung

VC erhöhen die Kundenbindung in erster Linie durch die Interaktivität, welche das sofortige reagieren auf Botschaften ermöglicht. Es entsteht ein sogenanntes Suchtpotential. Die User warten nach ihrem Beitrag auf die Anwort, darauf kommt die nächste Frage, man wartet wieder auf die Antwort usw. Dadurch verbringen die User Minuten und Stunden in der VC. Damit man nichts verpasst, surft man am nächsten Tag wieder in der VC.
Die Zahlen bei Deutschlands grösster VC, Metropolis bestätigen dies. Bei über 1,4 Mio. Mitglieder liegt der Durchschnitt pro Besuch bei über 60 Minuten. Täglich registrieren sich über 1500 neue Mitglieder. Der Anteil des weiblichen Geschlechtes liegt fast bei 50%.
Die knapp 1,5 Millionen Mitglieder verbringen dabei täglich rund 500'000 Online Minuten im Chat.[1]

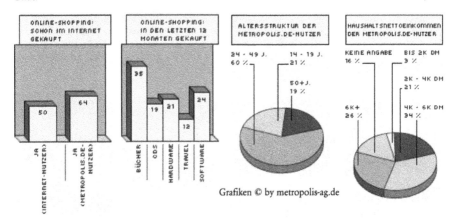

Grafiken © by metropolis-ag.de

Die Statistiken zeigen auch dass die Kaufkraft durch Communities zunimmt. Im Schnitt kauft jeder Zweite Internet-User im Internet, in Communities sind es fast zwei Drittel. Besonders begehrt sind dabei Bücher, CD, und Hard-/Software, aber auch der Verkauf von Reisen nimmt stetig zu. Auch die Zukunft stimmt. Rund 60% liegen in der kaufkräftigen Altersschicht oder werden diese in den nächsten Jahren erreichen. Rund ein Viertel der Community-Mitglieder bei Metropolis verdienen über 3000 Euro. Leider gibt Metropolis keine Zahlen des Umsatzes bekannt, jedoch geben Onlineuser gemäss einer Studie von Taylor Nelson Sofres Interactive durchschnittlich zwischen 100 und 300 monatlich aus. Dies würde bei den Nutzerzahlen von Metropolis einen Riesenumsatz bedeuten. Leider kaufen die Onlineuser nicht nur bei Metropolis ein deshalb dürfte Metropolis nur ein Bruchteil davon generieren. Zwar werden die Kunden bei VC stark gebunden, jedoch sind die Massnahmen zum Produkteverkauf noch in der Entwicklungsphase. Das Potential dank den virtuellen sozialen Netzwerk aber riesig! Die Frage stellt sich also wie kann mit Kundenbindung auch Umsatz generiert werden. Ein Erfolgsrezept in Zukunft dürfte das sogenannte Web-Mining sein, welches zusammen mit dem 1:1 Marketing den Produkte und Dienstleistungsverkauf ankurbeln wird. Web-Mining wird intensiv beim erfolgreichsten Buchhändler im Internet eingesetzt. Der Name Amazon ist fast jedem Internetuser ein Begriff. 2002 erreichte die Internetbuchhandlung erstmals einen Quartalsgewinn. Die guten Kundenbindungsmassnahmen dürften einen wesentlichen Beitrag dazu beigetragen haben.

---

[1] http://www.metropolis-ag.de/de/communities/metropolis/metro_fakten.php
[2] http://www.golem.de/0206/20514.html

Bertelsmann dagegen entschied sich den BOL-Shop zu schliessen respektive zu verkaufen. Amazon hat dank Community-Elemente ermöglicht Kommentare zu den Produkten abzugeben und so diese zu bewerten. Eine Massnahme die sehr hilfreich ist für andere Einkäufer. Desweiteren erhält man dank Webmining Angebote, die aufgrund des bisherigen Einkaufs ebenfalls interessante Bücher im gleichen Themenbereich aufzeigen, wie z.b auch Bücher, welche von anderen Benutzer gekauft wurden, nach dem sie jenes Buch bestellt haben. Mit Webmining steigert man erfolgreich den Verkauf von Produkten, das hat Amazon aufzeigen können. Communities mit dem sozialen Netzwerk im Hintergrund sollten deshalb nicht auf Webmining beim Produkteverkauf verzichten. Das Webmining bietet auch die Möglichkeit die Communities weiter zuverbessern.

Was ist Webmining
Unter Webmining versteht man in erster Line die Effizienz der Website zu messen. Die Logfile Analyse wird unter Webmining weiter ausgebaut. Logfiles geben Auskunft über PageViews, Anzahl Besucher, Herkunft der Besucher und Bewegung des Users innerhalb der Website. Webmining geht etwas tiefer und erstellt Analysen der Website. Das Auffinden der Eigenschaften der profitablen Kunden mit dem Ziel, diese an die Community zu binden, ist eine der Hauptaufgaben von Webmining.

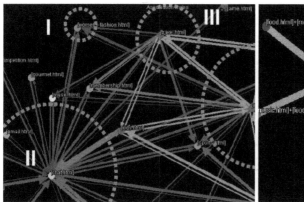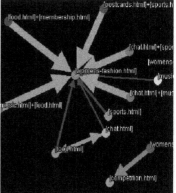

Screenshots: IBM DB2 Intelligent Miner 6.1

Wie die Abbildung oben zeigt, können Trends frühzeitig erkannt werden, wie z.b: Von welcher zu welcher Seite wechselt der Besucher am häufigsten, was sind die Startseiten der User, welche Sachen wurden gekauft etc. sind dank Webmining rasch ersichtlich.
Ebenfalls wird die Effizienz von Online-Marketing-Massnahmen ausgewertet, wie auch Bewegungsdaten von Besuchern, welche aufgrund eines Links z.B. in einem Newsletter auf die Website stösst. Mit spezieller Textmining-Software (z.B. SPSS LexiQuest) werden auch Foren nach einzelnen Wörter durchforscht und danach Bezüge zu diversen Themenbereichen generiert. Diese Informationen ermöglichen dann frühzeitig gezielte Marketingmassnahmen einzuleiten, sei es in Sachen Werbung oder im Einkauf der richtigen gewünschten Produkte.
Lexiquest indexiert pro Stunde 1 GigaByte an Daten und erstellt automatisch Trend-Analysen. Der Preis für die Software liegt deutlich über 50'000 Franken und ist sehr abhängig von der Konfiguration. Auch Webmining-Software zur Analysierung des Webtraffics ist in dieser Preiskategorie angesiedelt.

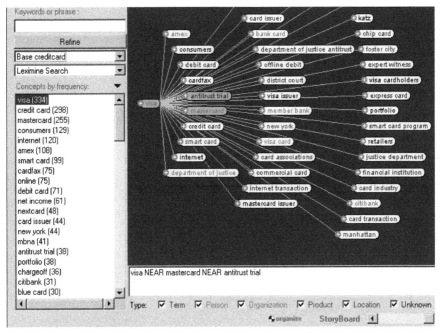

Screenshots: SPSS LexiQuest Textmining

Fazit:

Mit Webmining generiert man bessere Kunden. Einerseits steigert man die loyalen Kunden, da diese die gewünschten Informationen erhalten, andererseits wird die Kaufkraft dadurch verbessert, da die Seiten mittels 1:1-Marketing speziell auf ihn zugeschnitten sind. Dies führt zu einem grösseren Cross-Selling Potenzial. Ebenfalls kann Webmining, Fehlinvestitionen verringern, da die Trends frühzeitig erkannt werden. Dank Webmining weiss man welche Eigenschaften der Kunde hat, wie er sich verhält und was er möchte. Diese Informationen sollten dann in die Kundenbindungssoftware der Community fliessen, welche Real-Time den Besucher personalisierte Seiten oder die entsprechenden Angebote unterbreiten kann. Setzt man Webmining nicht ein, läuft man in Zukunft, Betreibern welche Webmining einsetzen, mit grosser Wahrscheinlichkeit hinterher. Verstecktes Potenzial wird wahrscheinlich nicht aufgedeckt oder falsch investiert.Webmining wird in Zukunft eine grosse Bedeutung zukommen und wohl auch mit Datenschutzgesetzen in Konflikt kommen, da der Besucher zu einem «gläseren Besucher» wird. Sollten einzelne Websitebetreiber sogar Webminings zusammlegen, dürfte die konventionelle Marktforschung einen schwierigen Stand haben und nicht mehr konkurrenzfähig sein. VC werden sehr detaillierte Infos über Eigenschaften z.B. Hobbys, Neigungen, Interessen etc. von einzelnen Benutzeren liefern können, welche sich registriert haben und hier wird sich in Zukunft entscheiden wie weit Webmining gehen darf. Mehr dazu unter Ethik und Datenschutzgesetze dieser Arbeit.[1]

---

[1] Webmining:
M-K, Artikel, Dem potentiellen Kunden auf der Spur, Yves Brennwald, UNIC AG, 2002/06
ALPHA, Artikel, Daten-Dschungel nutzen, Dr.-Ing. Artur P. Schmidt, Aseantic AG
SPSS Website

Loyalität

Community generieren rund 80% mehr loyale Kunden gegenüber herkömmlichen E-Business Projekten, ebenfalls werden 12% der normalen Community-Kunden zu loyalen Kunden. Bei den Top 10 E-Business-Unternehmen sind dies nur 10%. Dank VC ist der Erfolg der Kundenbindung also um rund 2% besser wie folgendes Modell aufzeigt:

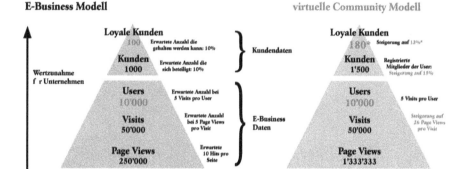

E-Business Modell   virtuelle Community Modell

Quelle: E-metrics, SPSS, metropolis.de

weitere Massnahmen um die Kundenbindung zu erhöhen

Die redseven-Community gibt an seine Community-Mitglieder persönliche Visitenkarten heraus. Wer die Visitenkarten bestellen will, muss dabei 10 Foreneinträge erstellen oder 50 Zeilen im Chat schreiben. Für 9,99 Euro gibt es dann 100 Visitenkarten mit der persönlichen Adresse und natürlich auf der Rückseite mit dem redseven-Logo, damit jeder weiss zur welcher Community man gehört, sofern man die Karte weiter gibt.

Weitere Merchandising Artikel sind z.B. T-Shirts, welche das Community-Logo in die reale Welt tragen. Wie wärs mit einem Regenschirm? Vielleicht gewinnt man gleich noch einen Werbepartner, welcher die Produktionskosten bezahlt, damit man die Produkte gegen Leistungen in der Community gratis an die Mitglieder abgeben kann.

redseven Visitenkarten

z.B. «Für 100 Foreneinträge gibts ein gratis VC-T-Shirt und bei 500 Einträgen bekommst du einen VC-Regenschirm» oder man führt ein Bonuspunktesammelsystem ein, indem man die Punkte gegen die Merchandising-Artikel eintauschen kann. Die Sammelsucht der Menschen lässt die Kundenbindung weiter steigen.

Phasen zur erfolgreichen Kundenbindung

Strategie
Für eine erfolgreiche Kundenbindung wird zuerst eine Strategie benötigt welche den Weg zur Kundenbindung aufzeigt und mit welchen Kommunikationswegen dies erreicht werden soll.

Qualität
Auch intern muss sich die VC, Qualitätsstandards setzen, denn nur diese gewähren eine hohe Kundenbindung. Wie oft werden die E-Mails am Tag beantwortet, ist das Corporate Identity korrekt, werden die Beiträge rechtzeitig aufgeschaltet und moralisch bedenkliche entfernt etc.

Kontrolle, Vergleich
Kundenbefragung oder Testkäufe bei Shopping-Plattform zeigen die Leistung der VC auf. Vergleiche mit den Konkurrenten lassen die Position unsere VC im Marktindex bestimmen.

Zufriedenheit
Gute VC besitzen zufriedene Mitarbeiter, welche gute Beziehungen zu Kunden aufbauen können. Deshalb muss den Mitarbeitern die klare Zielvorgabe mitgeteilt werden.

Erwartung
VC sollten nicht zuviel Versprechen. Wer seine Versprechen nicht einhalten kann verärgert den Kunden. Die Kommunikation sollte immer die Qualität und Zufriedenheit des Kunden garantieren.[1]

Phasen der Kundenbindung

Kontakt
Der Kunde trifft zum ersten Mal auf die VC-Platform. Eine Phase die mit Unsicherheit geprägt ist. Werden die Wünsche des Kunden erfüllt?

Evaluation
Der Kunde betrit die zweite Stufe in dem er Interesse für das Produkt/Dienstleistung zeigt, aber ist es das Richtige?

Entscheid
Der Kunde ist zufrieden mit der VC-Platform und beteiligt sich aktiv, bzw. tätigt einen Kauf.

Wiederholungsentscheid
Der Kunde trifft bewusst wieder auf die VC-Platform und beteiligt sich wieder aktiv, bzw. tätigt weitere Käufe. Die ersten Anzeichung der Bindung entstehen.

---

[1] *Kotler Philip*, Armstrong Gary, Sauders John, Wong Veronica, Grundlagen Marketing, Pearson Studium, München 2003, 3. Auflage, S. 749ff

Vertrauen
Der Kunde ist zufrieden mir der Qualität der VC-Plattform und ist positiv eingestellt. Die Kundenbindung entsteht.

Einstellung
Der Kunde hat die Unsicherheit verloren und ist von der Qualität äusserst zufrieden. Er empfiehlt die VC seinen Freunden und Bekannten. Der loyale Kunde ist geschaffen nun gilt es ihn zu halten.

Halten von loyalen Kunden
Der Lieblingssatz der CRM-Fachleute ist oft *«Ein neuer Kunde zu gewinnen ist bis zu acht Mal teurer als einen alten zu halten»* die treuen Kunden sollen dabei auch profitabler sein als neue, so die Aussagen. Diese Aussage wurde von Werner Reinartz und France V. Kumar, beides Professoren für Marketing relativiert. Die im Harvard Business Review veröffentlichte Studie zeigt auf, dass loyale Kunden nicht profitabel sein müssen. Die in vier Unternehmen getätigte Studie unter 16'000 Kunden zeigt auf, dass loyale Kunden oft mehr erwarten als die übrigen Konsumenten. So werden Preisnachlässe und Treueprämien gefordert. Oft werden günstigere Alternativen gewählt, da die loyalen Kunden besser über die Produkte & Qualität Bescheid wissen und so besser einschätzen können was sie genau benötigen.
Laut der Studie liegen loyalen Kunden mit einer hohen Profitabilität, gemessen an der Gesamtkundschaft, bei 30% und Short-Term-Konsumenten bei 20% . Bei den loyalen Kunden sind 21% wenig profitabel, bei den Short-Term-Konsumenten sind dies 29%.
Die Kosten für die Marketingkommunikation sind bei loyalen wie auch den übrigen Konsumenten fast identisch. So ergab die Studie einen Marketingkostenanteil von 6,3 Cents bei loyalen und bei den übrigen Kunden 6,5 Cents pro Dollar.
Gemäss der Studie, welche auf den Verkauf von Produkten & Dienstleistungen in der Old-Economy ausgerichtet war, scheint also eine Investition in CRM-Software keinen grossen Nutzen zu bringen, bei virtuellen Communities sieht dies aber anderst aus. Loyale Kunden sollen in erster Linie die VC mit Inhalt füllen und in zweiter Linie Geld ausgeben. Die CRM bzw. Webmining-Software wird für alle Kunden gleich eingesetzt, zudem ist es mit Webmining möglich rasch die profitablen Kunden ausfindig zu machen. Dabei ergeben sich da keine Zusatzkosten für loyale Kunden. Jedoch werden die treuen Kunden auch gerne nach Rabatt und Prämien fragen. Diese Ausgaben werden jedoch refinanziert mit der Betreuung der VC, welche die treuen Kunden erfüllen.Sie können z.B. Rubrik in den Foren moderieren und so den Webmaster entlasten oder auch auf Fragen von Neulingen antworten. Somit gewinnen die treuen Kunden für die VC wieder neue Mitglieder.[1] Es ist ratsam loyale Kunden nicht nur anhand des Umsatzes sondern auch an dem Mitwirken in der Community zu bestimmen. Zwar sind die loyalen Kunden nicht unbedingt profitabel aber sie bewirken, dass andere Kunden sich vielleicht für diese VC entscheiden und dann Umsatz generieren. Da die meisten VC-TKP-Werbebanner einsetzten, wird bereits beim Erstellen von Inhalten, Einnahmen auf der Seite des Communitybetreibers erzielt, somit werden auch Einnahmen generiert, wenn kein eigentlicher Kauf getätigt wird.

---

[1] Reinartz Werner, Kumar V., The Mismanagement of Customer Loyalty, Harvard Business Review, Juli 2002

Einbindung von Fremdanbietern und Kooperationen

Da VC meist grosse Besucherfrequenzen aufweisen und die Kunden stark binden, liegt der Verkauf von Produkten nahe. Will man keinen eigenen Vertrieb einrichten, welcher unter anderem hohe Logistik-Anforderungen und Investitionen in E-Commerce Software bedeuten würde, besteht die Möglichkeit mit Partnern zusammen zu arbeiten.
Damit der Verkauf auch erfolgreich ist, sollten die Produkte und Dienstleistungen im engen Zusammenhang mit dem Thema der VC sein (siehe Produktepolitik auf Seite 14).

Wieso Online-Partnerschaften

Gründe zur Online Kooperation sind oft Kürzungen im Marketingbudget bei gleichbleibenden Vertriebszielen und teuren Neukundengewinnung. Besonders in wirtschaftlich schwierigen Zeiten sind Online-Partnerschaften oft der einzige Ausweg, mit Sicherheit aber kein schlechter. Oft entsteht dadurch eine Win-Win Situation. Virtuelle Communities besitzen die Kunden und Verkaufsräume (Website), die Kooperationpartner die Produkte und Dienstleistungen. Die technische Errungenschaft macht es möglich genaue Statistiken über Erfolg der Partnerschaft zu generieren. Dadurch basieren Partnerschaften oft auf Erfolgsbasis mit einen absoluten Anteil und einer variablen Provision. Je bekannt und grösser die VC ist, umso höher dürfte der absolute Anteil sein.
In der Regel profitieren beide Parteien von Partnerschaften. Die VC erhält Mehrerlöse durch die Transaktionen sowie einen möglichen Imagetransfer durch den Partner. Dieser spart sich im Gegenzug teure Akquisitionen, steigert den Umsatz, Bekanntheitsgrad und kann ebenfalls vom Image der VC profitieren.[1]

Auf was achten bei der Evaluation von Partnern:

1. Welche Anbieter gibt es auf diesem Teilmarkt und wer ist Marktleader
2. Wie lange gibt es den Partner schon
3. Welcher Partner passt zu uns. Können wir von ihm auch sonst profitieren.
4. Testen sie die Verkaufsplattformen der möglichen Partner. Bestellen sie etwas (am besten nicht auf Ihren eigenen Namen, ansonsten könnte der mögliche Partner sie besonders gut behandeln) und achten sie auf die Usability der Website, die Einfachheit des Bestellvorganges, die Zahlungsbedingungen, die Lieferzeit, die Serviceleistung, Was passiert bei Beanstandung des Produktes etc. – Würden Sie auch als Community-Mitglied dort bestellen? Schauen Sie bei Verbrauchercommunites wie z.B. dooyoo.de vorbei und überprüfen wie die User den Partner bewerten.
5. Kann der Shop ins Layout ihrer Community integriert werden.
5. Arbeitet der mögliche Partner auch mit anderen Partner zusammen? Wie exklusive ist das Angebot. Ist es möglich spezielle Angebote für die VC zu generieren.
6. Vertragsbedingungen/Konditionen: Achten sie auf Vertragslaufzeiten, Regeln sie wer die erfassten Kundendaten erhält bzw. die Rechte daran besitzt. Erhalten sie eine Provision pro verkauften Artikel oder ein Pauschalbetrag usw.

Je mehr Mitglieder die VC aufweisen können, umso mehr besteht die Chance zu exklusiveren Partnerverträgen und Einbindung in das Corporate Identity der VC. Kleine Communities können am Anfang oft nur sogenannte Partnerprogramme betreiben, welche oft das Verlassen der Community zur Plattform des Produktverkäufers erfordern.

Nach der Evaluation sollte mit dem Partner die gemeinsame Strategie festgelegt werden, was soll erreicht werden und wie. Danach ist die Umsetzung angesagt. Der Partner soll im «Look and

---

[1] www.upside.de, Online Partnerschaften 2002, PDF-File

Feel» der virtuellen Community erscheinen, damit kann die Transaktionswahrscheinlichkeit erhöht werden. Die Abrechnung erfolgt normalerweise über ein Trackingtool, welches die Klicks und Transaktionen registriert. Der Ablauf sollte überprüft und gegebenfalls weiter optimiert werden.

Partnerprogramme:
Das bekannteste Partnerprogramm dürfte jenes von Amazon sein, welches mittlerweilen über 600'000 Online-Partner zählt. Mittels eines einfachen Linkes auf ihrer VC gelangt der Benutzer zu Handelsplattform von Amazon. Sie erhalten dann eine Provision abhängig vom Umsatz, welcher der Benutzer über den Link bei ihnen bei Amazon erzielt.

Es gibt drei Grundarten von Partnerprogrammen:
Pay-Per-Click: Für jeden Klick erhalten Sie einen entsprechenden Betrag
Pay-Per-Sale: Sie erhalten pro verkauften Artikel beim über den Link in ihrer VC einen Fixbetrag oder eine Provision z.B. 3%. (Beispiel: Amazon)
Pay-Per-Lead: Sie erhalten für eine bestimmte Aktion z.B. ausfüllen eines Wettbewerbes, Anmeldung oder Kontaktformulars einen entsprechenden Betrag

Oft gibt es auch Mischformen dieser Arten und nur selten kann das VC-Layout eingebunden werden. Die Affinität ist deshalb nur beschränkt. Einzig Reiseanbieter ermöglichen teilweise die Einbindung Ihres Programmes direkt auf der VC-Plattform. In der Zukunft dürfte dies aber ändern, da durch die Einbindung im «Look and Feel» die Umsätze gesteigert werden können.

affilinet eines der grössten Partnernetzwerke Europas

Auch wenn Partnerprogramme oft lukrative erscheinen, ist nach eigener Erfahrung oft nur mit geringen Einnahmen zu rechnen. Pay-per-Click Raten liegen bei solchen Partnerprogrammen oft unter 10 Cents, bei einer durchschittlichen Klickrate von 0,2–0,3% ergibt dies bei 1000 Bannereinblendungen gerade mal 30 Cents. Bei Pay-Per-Sale wie z.B Amazon liegt da bei guter Einbindung etwas mehr drin, aber auch hier kommen meist nur einige Dutzend Euro im Monat zusammen. Pay-Per-Lead, welches häufig bei Registrationen bezahlt wird ist auch nicht interessante, vor allem wenn sich schon viele bereits auf der entsprechenden Plattform angemeldet haben. Kurzum Pay-Per-Sale kann bei guter Einbindung kleine Einnahmen bringen, aber dies ist nur ein gutes Taschengeld. Soll Ihre VC erfolgreich vermarktet werden, muss Ihre VC mindestens 1 Million PageViews im Monat erreichen. Werbeflächen lassen sich dann von Medienagenturen vermarkten und mit Partnern können seperate Verträge ausgehandelt werden. Für Unternehmen welche Ihre Produkte mit Partnerprogrammen bekannt machen möchten, ist dies im Gegenzug eine sehr günstige Möglichkeit auch wenn sie einige Risiken mit sich bringen wie z.B. nur beschränkter Einfluss wo und wie die Werbung platziert wird.
Die nun folgenden aufgelisteten Möglichkeiten sind oft VC mit mindestens 1 Million PageViews vorenthalten. Es sei denn sie können den gewünschten Partner mit dem Angebot ihrer VC überzeugen. 20'000 Besucher oder (200 – 300'000 PageViews) und eine sehr attraktive Zielgruppe für den Partner sollten Sie aber schon mindestens mitbringen, damit Sie eine Chance haben.

Redaktionelle Einbindung:

Einige Partner lassen sich hervorragend in das redaktionelle Umfeld von Communities einbinden.
Weisst die Community eine hohe Affinität mit dem Stellenmarkt auf, können so z.b. die verschiedenen Jobsuchbörsen eingebunden werden, wie dies z.b. 4students.de macht. Durch Bonuspunkte wird das Klicken weiter gefördert.
Auch Einbindungen von kostenpflichtigen Dienstleistungen sind hier gut möglich.
Focus bietet z.B. auf seiner Website Arbeitszeugnischecks zum ermässigten Preis über das Internet für 48 Euro an.
Bei einer hohen Affinität zur Frauenwelt sind Hersteller von Schmuck & Mode geeignet. Der Schmuckfabrikant Swarovski wurde bei Tiscali-Portal im redaktionellen Teil eingebunden. Dies hat den Vorteil, dass der Werbetext eher gelesen wird, als bei einem Werbebanner und vor allem auch eher draufgeklickt wird. (Top-Werbebanner weisen im Durchschnitt eine Klickrate von nur 0,5% auf)[1].

4students Community

Swarovski Werbeeinbindung im redaktionellen Teil

Permission Marketing:[2]

Unter Permission Marketing versteht man das Versenden von Botschaften mit Erlaubnis des Kunden. Im Internet-Bereich wird oft mit Soft-Permission, Marketing betrieben. Der Unterschied liegt darin, dass dabei nicht ausdrücklich um Erlaubnis gefragt wird, sondern sich der Kunde einmal für die Leistungen der VC interessiert und seine E-Mail Adresse ans Unternehmen übermittelt und so seine Bereitschaft signalisiert. Dies kann zum Beispiel bei der Teilnahme eines Gewinnspiels, bei einer Anfrage für eine bestimmte Dienstleistung, Produkt oder bei der Registrierung in der Community gewesen sein.
Die Botschaft im E-Mail sollte immer mit einem Abbestelllink versehen werden, damit sich der Kunde bei keinem weiteren Interessen abmelden kann.
Wo liegt der Vorteil von VC's beim Permission Marketing? Gegenüber anderen Internetsites, können VC's oft auf unzählige Benutzerprofile zurückgreifen, je nach Erfassung können so bestimmte Zielgruppen (Alter, Themen) eingegrenzt werden. Desweitern dürften sich die Community-Mitglieder leserfreundlicher zeigen, wenn sie Post von der VC erhalten, als von einem unbekannten Versender. Reisecommunities könnten so z.B. Last-Minute-Angebote eines Anbieters an seine Mitglieder versenden. Die Click-Through-Rate liegt im Schnitt bei 6 – 8 %, die daraus durchschnittlichen entstehenden Verkäufe bei 1 –2%. Permission Marketing Kampagnen von VC dürften etwas höhere Werte erreichen aufgrund der Verbundenheit der Mitglieder zur Community.

---

[1] Nielsen//Netratings Studie 11.2000, PDF-File, Frankfurt
[2] Seiler Raphael, Sager Rémy , Netguide E-Marketing 2003, netzwoche (netzmedien), Basel, S.102ff
www.nemuk.com

virales Marketing

Eine Marketingstrategie die wie ein Virus funktioniert und innert kürzerster Zeit mit kleinem finanziellen Aufwand viele Kunden erreicht. Da die Botschaft von den Kunden gleich selbst weiter gesandt wird und dies freiwillig, so könnte man virales Marketing bezeichnen. Oft wird dieses Marketingform bei kostenlosen Dienstleistungen im Internet angewandt. So hängen FreeMail-Anbieter oft am Schluss einer E-Mail dem Benutzer eine Werbezeile an. z.B «NEU: Mit XYZ ins Internet. Rund um die Uhr für 1 ct/ Min. surfen!». Mit dem Ziel raschmöglichst die Botschaft an viele Menschen zu versenden. Im Internet ist das Ziel von viralem Marketing oft die Besucher auf der Internetplattform zu steigern, aber es gibt auch weiter und viel kreativere Möglichkeiten. Oft ist virales Marketing nicht planbar. Manche schaffen es bis in die Medien und Stammtische vorzudringen, andere werden gar nicht erst wahrgenommen[1]. Eine der erfolgreichsten Kampagnen war das Spiel «Moorhuhn». Fast jeder hat schon einmal davon gehört und vielleich sogar selbst stundenlang damit sich die Zeit vertrieben. Aber wissen Sie auch das dieses Freeware Spiel eine Promotion Aktion von Johnnie Walker war? Der Erfolg des viralen Marketing hat selbst den Herausgeber Johnnie Walker überrascht, der nur bedingt vom Erfolg profitieren konnte. Es funktioniert wie ein Virus, niemand kann die Auswirkungen einschätzen. Wie kann nun virales Marketing in VC's eingesetzt werden. Ein Beispiel ist die Ittinger Brauerei. Mittels Online-Formular war es möglich einem Freund ein «richtiges» Freundschaftsbier gratis zu kommen zu lassen. Ein voller Erfolg, wie man sich denken kann. Eine gute Möglichkeit sind auch E-Cards mit unerwarteten Ereignissen. So legte Lastminute.com eine Flashkarte mit tanzenden Tiere auf, welche dann von vielen Fans weiterversandt wurde. Oder wie wäre es mit einer E-Card von Pepsi ähm oder trinkt der Lieferwagenfahrer vielleicht das Konkurrenzprodukt? Ein Spiel für die VC-Mitglieder zur Auflockerung? Wie wärs mit einem Pölstars Vodka Trinkspiel. Fremdanbieter lassen sich auch auf humorvolle Art in VC einbauen und die meisten VC-Mitglieder werden sicher ihre Freude haben.

Aber Achtung, passen sie auf, dass die Mitglieder sich nicht mehr dem viralen Marketing widmen, sondern dem eigentlichen Thema der VC. Am besten platzieren sie die viralen Marketing-Massnahmen gleich auf Ihrer VC, damit auch Sie bei allfälligen Erfolgen profitieren können und nicht nur Ihr Werbepartner.

Johnnie Walkers Moorhuhn

Flash E-Cards mit Sponsorlink
www.discosquirrels.com

Was trinkt man bei Pepsi, klar oder?

Pölstar Werbegame

weitere virale Marketing Beispiele unter
viralbank.com

---

[1] Zorbach Thomas, Netguide E-Marketing 2003, netzwoche (netzmedien), Basel, S.62ff

weitere Einbindungsmöglichkeiten

Shop in VC
Ein Produktanbieter stellt sein Shop in die VC. Die VC-Mitglieder können nun im gleichen Look and Feel beim Produktanbieter shoppen ohne die VC zu verlassen. Der Shopanbieter profitiert so von den Mitglieder der VC. Bei einer hohen Affinität zum Thema der VC dürften auch einige beim Anbieter einkaufen. Bei Shopplatzierungen dürfte die Kooperation eher langfristig sein.

Shops bei womanweb.de

Produkte-Placement in VC
Im redaktionellen Teil können bei einem entsprechenden Thema, Produkte direkt eingebunden werden, welche zum Text passen. Die Wirkung ist im Gegensatz von Werbebeiträgen im redaktionellen Teil auf die ganze Seite wirkend. Womanweb.de platzierte so zum Beispiel am Valentienstag die Rubrik «Kiss me» mit einem Bericht über das Verführen. Eine ideale Verbindung zu Ferror Küsschen liegt so nahe.
Bei einem Taschentuchhersteller platzierte man ein Bild von Taschentüchern als Gestaltungseinheit des Beitrages. Der Anbieter erhält so die vollste Aufmerksamkeit.

Gewinnspiele
Immer beliebt sind Verlosungen von Preisen in VC. z.B. «Gewinnen Sie ein Ferienwochenende in Österreich für 2 Personen». Durch Wettbewerbsausschreibungen werden VC attraktiver. Die Anbieter werden durch interessante Preise die Aufmerksamkeit der Community-Mitgliedern auf sich lenken.

weitere Integrationen
Es gibt unzählige Varianten Fremdanbieter und Partner in den Content der VC einzubinden. Einbinden in die Navigation, als Auktionsveranstalter, mittels Anfrage-/Bestellformular etc.

Fremdanbieter Einbindung bei
www.womanweb.de

Im Touristikbereich besteht die Möglichkeit, Angebote wie Reisen, Mietwagen, Wohnmobil und andere Buchungen über ein Kooperationspartner abzuwickeln. Die Buchung erfolgt dann vollständig auf der VC-Plattform und wird dann vom Kooperationspartner durchgeführt.

Investitionen

Hard- & Software

Die Anfangskosten einer Community sind schwierig zu beziffern. Die Gründe sind vielseitig. Erstens braucht nicht jede Community die gleichen Tools. Meist werden die Tools Forum und Chat verwendet. Es gibt aber eine ganze Reihe von Erweiterungen die in eine Community eingebaut werden können. Einige Community Softwarehersteller bieten komplett Systeme an, bei anderen erhält man die Community im Baukastensystem. Der Vorteil ist, man muss sich erst später für das eine oder andere Tool entscheiden. Die bekanntesten dieser Tools sind: Empfehlfunktion, Newsfunktion, Umfragetool, Bannermanagement, Newsletter oder grosse Erweiterungen wie z.b Auction-, Shop-, Ticket- und effiziente Kundenbindungssysteme. Zweitens haben Hersteller unterschiedliche Berechnungsmodelle. Bei den Einen zahlen sie für die komplette Software oder das Tool andere verrechnen die Kosten für Communities nach Anzahl User oder man benutzt ein Mischmodell. Wenn ihre Community z.b am Anfang rund 100 User registriert hat, sind die Kosten wesentlich geringer als wenn später 10'000 User zu ihre Community zählen.

Sollten Sie die Community gleich selber programmieren oder speziell auf ihre Bedürfnisse programmieren lassen, ist in der Regel mit weit höheren Kosten zu rechnen, als wenn sie auf eine vorgefertigte Lösung zurückgreifen. Zudem gibt es auch diverse Open-Source Software, welche kostenlos und teilweise rasch zum ersten Erfolg führen, aber spezielle Anpassungen nur bedingt möglich sind oder viel Aufwand erfordern.

Ich möchte Ihnen trotzdem einen kleinen Überblick über die aktuellen Preise (Stand 2002) für Communitysoftware geben.

Kosten

Der Hersteller Hammerdeals Software bietet Communities im Modulverfahren an, dabei sind die Kosten zusätzlich von den Anzahl Servern unter welcher die Community mit logisch gleichem Inhalt betrieben wird und der Anzahl Rollen, welche zum Beispiel „Redakteur, Moderator, Administrator, Experte, etc." abhängig.

Das Basissystem mit Userverwaltung kostet zwischen 1500 und 16000 Euro (je nach Anzahl Rollen) pro Server, dazu kommt mit 4500 Euro ein Communitysystem, welches ein Forum, Chat, Newsletter, News-Funktion, Umfragetool und ein Bannermanager umfasst. Weitere Modelle wie Shop, Auction etc. sind ebenfalls zu einem Aufpreis erhältlich.

Schulung des Systems wird mit 1020 Euro pro Tag berechnet, Beratung 1300 Euro Tag und spezielle Anpassungen pro Manntag mit 840 Euro.

Bei Someon kostet das komplette Communitysystem 7770 Euro mit einer Serverlizenz, welches auf 25 gleichzeitig anwesenden Mitgliedern in einer Community limitiert ist. Ab 125 gleichzeitigen User in der Community werden die Kosten verdoppelt und ab 501 Usern ist der Betrag mit dem Faktor 3.5 zu multiplizieren.

Zusätzliche Leistungen wie Schulung und Anpassung liegen zwischen 600 - 800 Euro pro Tag. Worldweb hat den Kaufpreis seiner Community Software bei 23300 Euro inkl. Einrichtung angesetzt. Namhafte Unternehmen wie T-online, Focus, Stern und West setzen auf diese Software. Für die monatliche Betreuung der Community fallen optional 2050 Euro an.

Kurz zusammengefasst müssen Sie bei einer professionellen komplett Lösung ab 15000 Euro aufwärts rechnen. Dazu kommen monatliche Hostinggebühren, die je nach Anbindung bis in den vierstelligen Bereich gehen können, sowie evtl. technische Betreuung der Community welche ebenfalls meist im vierstelligen Bereich pro Monat liegen.

Für die Evaluation des richtigen Anbieters empfehle ich Ihnen das Buch Business Communities des Fraunhofer Institut, welches sich mit diesem Thema intensiv befasst.

Diese Kosten sind aber bei weitem nicht alles was eine Community kostet.

Die Anbindung ans Internet
Nicht zu vergessen sind die monatlichen Kosten für die Anbindung ans Internet. Diese sind abhängig von der Bandbreite, bei einem Mietservers auch von den technische Eigenschaften, sowie dem monatlichen Traffic, welcher durch die Mitglieder auf der VC verursacht werden. Die monatlichen Preise von Mietserver beginnen bei 149 Euro (Schlund & Partner) ohne Bandbeiten-Garantie und Traffic-Beschränkung. Traffic starke VC dürften aber eher auf Mietserver oder Server-Housing mit Bandbreitengarantien von über 1 Mbit/s setzen.

Bandbreiten Berechnung:

Annahme:
Community mit HTML-Chat, Seite des Chats wird alle 10 Sekunden aktualisiert.. User verursacht 10 KByte Traffic pro Aktualisierung.

6 Aktualisierungen pro Minute à ca. 10KByte = 60 KByte pro Minute/User, braucht jedoch nur ca. 30KByte real (Serverkomprimierter HTTP Stream) = 1 Byte pro Sekunde (1KByte pro Sekunde, bzw. 1/2 KByte real). Ergibt 10 KBit/Sekunde (Umrechnung Byte = 8 Bit zuzüglich ca. 25% Protokol Overhead) -> Real ca. 5KBit/Sekunde

Dementsprechend sind folgende Bandbreiten nötig:
10 User = 100 KBit/s; bzw. 20– 50KBit/real
50 User = 500 KBit/s = 100 - 250 Kbit/s
100 User = 1000 KBit/s = 200 - 500 Kbit/sec
250 User = 2500 KBit/s =500 - 1250 Kbit/sec
1000 User = 10000 KBit/s = 2000 Kbit - 5'000KBit

Um bei hoher Zahl von Zugriffen das System zu optimieren, empfiehlt sich eine «never closed HTTP-connection», ein «Applet» (Java oder ActiveX), ein «IFrame JavaScript-Update» oder ein «Update per XML Stream». Dadurch würde der Bandbreitenbedarf um das 10-Fache bis 50-Fache reduziert werden. Dies würde die Kosten erheblich senken.[1]

Da die Anzahl User je nach Tageszeit variiert, empfiehlt sich ein Durchschnittswert anzunehmen. Da in der Peak-Time die Anzahl User höher sind, sollten burstable Bandbreiten gemietet werden, welche in dieser Zeit eine höhere Bandbreite garantieren, jedoch nicht so teuer sind wie wenn man diese höhere Bandbreite (Basisbandbreite) permanent zahlen muss.

Kosten/Monat (Quelle: Cyberlink Schweiz 2002):
Burstable Bandbreite
512 Kbit/s = CHF 1430.- (inkl. 5% mehr Bandbreite)
1 Mbit/s = CHF 2310.-
2 Mbit/s = CHF 3410.-
4 Mbit/s = CHF 6820.-
Zuzüglich Housing ab CHF 280.-/Monat

---

[1] Mettler Daniel, 2sic Internet solutions, E-Mail

Die Mitarbeiter

Hinzu kommen Mitarbeiter die für das Marketing, Kundenbetreuung, Entwicklung, Moderation oder Redaktion zuständig sind sowie der Chefproduzent. Metropolis, die grösste deutsche Community, wird z.b von 12 Mitarbeitern (Stand 2002) betrieben. Je nach Zielsetzung und Umfang der Community können es weniger oder mehr Mitarbeiter sein.

Promotion

Damit die Community bekannt wird, fallen in diesem Bereich meist hohe Kosten an für Werbung und Marketing.

Beispiel Kostenübersicht (Euro zzgl. MWST)

Grundlagen

Kapitalinvestition Community-Software	6000 – 25000
Büroeinrichtung, Computer etc.	20000
Nutzungsdauer (Jahre)	3
Raumbedarf (m2)	100
Monatslohn (Euro)	6500
weitere Mitarbeiter (Euro)	3700

Berechnung

Abteilungsleiter, 13 Monate	84500
3 weitere Mitarbeiter (Marketing, Technik, Redaktion), 13 Monate	48100
Sozialleistungen 19%	25194
Personalkosten total	*157794*
Internet Anbindung, Housing 1 Mbit/s 12 x 1500 Euro	18000
Betreuung, Support Hersteller	12000
Promotion	25000
Sachversicherung 0,75% v.Inv.	413
Fremdleistungskosten total	*55413*
Raummiete inkl. Heizung 150 Euro/m2	15000
Kalkulatorische Abschreibung	18333
Kalkulatorische Verzinsung 3% 1/2 Inv.	825
Raum- und kalk. Kosten total	*34158*
Total Stellengemeinkosten	*247365*
Umlage allgemeine Abteilungskosten 5%	12368
Umlage Betrieb allgemein 10%	24737
Total Kosten	**284470***
monatlicher Betrieb einer Community ca. (Euro)	**23706**

*Kosten errechnet mit Community Software im Wert von 25'000 Euro und beruhend auf den Angaben gemäss Grundlagen. Personal: Abteilungsleiter und 3 Mitarbeitern. Kosten für Webmining-Software nicht eingerechnet, da diese sehr abhängig ist von der Konfiguration. Textmining-Tool Lexiquest und Webmining-Analyse Tool z.B. SPSS Net Genesis starten beide bei über 35'000 Euro. Die Kosten würden sich dabei auf mindestens 330'000 Euro bzw. 27'378 Euro pro Monat belaufen.

Return on Invest

Einnahmen durch Werbung auf den Community Seiten

Log-in Pop-up
Beschreibung: Beim Einloggen des registrierten Users öffnet sich im Vordergrund
                              ein neues Fenster mit der Werbebotschaft
Mögliche Einnahmen: TKP 40 Euro (Metropolis, 2002)
Vorteil: Fällt dem Benutzer sofort auf.
Nachteil: Pop-up Fenster sind bei den Usern unbeliebt und werden oft bereits
                              vor dem Laden des Inhalts (Werbebotschaft) weggeklickt.
Eignung für Communities: mittelmässig

Exit Site Pop-under
Beschreibung: Beim Verlassen der Community wird ein neues Fenster im Hinter-
                              grund geladen
Mögliche Einnahmen: TKP 40 Euro (Metropolis, 2002)
Vorteil: Fällt dem Benutzer sofort auf.
Nachteil: Pop-up Fenster sind bei den Usern unbeliebt und werden oft bereits
                              vor dem Laden des Inhalts (Werbebotschaft) weggeklickt.
Eignung für Communities: mittelmässig

Interstitial
Beschreibung: Bildschirmfüllende Werbeanzeige über mehrere Sekunden (optimal
                              4–5 Sekunden)
Mögliche Einnahmen: TKP 100 Euro (Metropolis, 2002)
Vorteil: Benutzer kann nicht wegsehen
Nachteil: Der Benutzer wird bevormundet. Bei übermässigen Einsatz dürfte
                              der Benutzer die Community auf nimmer wiedersehen verlassen
Eignung für Communities: vorsichtiger Einsatz, 1x pro Besuch

Sticky Ad
Beschreibung: Anzeige rollt beim Scrollen mit
Mögliche Einnahmen: unterschiedlich
Vorteil: Anzeige fällt spätestens beim Scrollen auf
Nachteil: Kann Informationen auf der Seite überdecken, störend
Eignung für Communities: mittelmässig

Skyscaper
Beschreibung: Vertikal ausgerichteter Werbebanner
Mögliche Einnahmen: TKP 75 Euro (Metropolis, 2002)
Vorteil: Wird im normal Fall auf der rechten Seite platziert. Beim Scrollen
                              wandern die Augen unweigerlich über den Banner.
Nachteil: weniger auffallend als Interstitial oder Pop-up
Eignung für Communities: gut

Standard Banner
Beschreibung: Horizontal ausgerichteter Werbebanner
Mögliche Einnahmen: TKP 20 Euro (Durchschnittspreis)

Vorteil: Stört meist wenig
Nachteil: Je nach Platzierung werden diese Banner von den User kaum Be-
                                  achtung geschenkt
Eignung für Communities: gut, aber wenig effizient für Werbekunden, Klickrate ca. 0,3%

Flying Banner
Beschreibung: Werbeanimation welche über den Screen wandert
Mögliche Einnahmen: TKP unterschiedlich
Vorteil: Fällt auf
Nachteil: Verdeckt den Text und ist störend beim Lesen
Eignung für Communities: mittelmässig

Big Picture/Teaser/Buttons
Beschreibung: Big Picture und Buttons werden ins redaktionelle Layout eingebettet
Mögliche Einnahmen: TKP 30 – 50 Euro (Metropolis, 2002)
Vorteil: Stört wenig, evtl. sogar nützlich für den Benutzer
Nachteil: sollten dem Thema entsprechen, ansonsten verliert die Werbekraft
Eignung für Communities: sehr gut

Cursor Snake
Beschreibung: Botschaft mit 25 Zeichen wandert um den Cursor
Mögliche Einnahmen: TKP 30 – 50 Euro (Metropolis, 2002)
Vorteil: wird noch selten verwendet, daher gute Wirkung
Nachteil: Botschaft ist beschränkt
Eignung für Communities: gut

Themenlink
Beschreibung: Textlink im redaktionellen Umfeld oder Navigation
Mögliche Einnahmen: 95 Euro pro Textlink
Vorteil: bei guter Formulierung höhere Klickrate
Nachteil: Botschaft ist beschränkt
Eignung für Communities: sehr gut

Gewinnspiel
Beschreibung: Produkte von Anbietern verlosen
Mögliche Einnahmen: unterschiedlich
Vorteil: Win-Win
Nachteil: -
Eignung für Communities: sehr gut

Newsletter
Beschreibung: Der Newsletter wird als E-Mail an die Mitglieder versandt mit
                                  interessanten Neuheiten der Community oder Informationen
Mögliche Einnahmen: TKP 50 Euro (Metropolis, 2002)
Vorteil: Newsletter wird von Benutzer abonniert und ist so gewünscht
Nachteil: Einsatz der Werbungschaltungen pro Newsletter sollte nicht zu
                                  hoch sein
Eignung für Communities: sehr gut

Begrüssungsmail
Beschreibung: Bei der Anmeldung zur Community erhält der Benutzer Passwort
                                  und Benutzername per E-Mail zu gestellt.

Mögliche Einnahmen: TKP 50 Euro (Metropolis, 2002)
Vorteil: Begrüssungsmail wird oft gespeichert, da Passwort und Benutzername enthalten sind.
Nachteil: -
Eignung für Communities: sehr gut

Branding/Sponsoring
Beschreibung: Auf allen Seiten bzw gleichen Themen der Community ist der Sponsor ersichtlich
Mögliche Einnahmen: je nach Thematik unterschiedlich
Vorteil: Hoher Wiedererkennungsgrad
Nachteil: -
Eignung für Communities: sehr gut

Site Sonsoring
Beschreibung: Sponsor wird in der Navigationsliste platziert
Mögliche Einnahmen: je nach Thematik unterschiedlich
Vorteil: Wird nicht übersehen
Nachteil: -
Eignung für Communities: sehr gut

MicroSites
Beschreibung: Eigene Seite mit Werbebotschaft
Mögliche Einnahmen: ab 40 Euro (AdLink)
Vorteil: Anbieter erhält volle Aufmerksamkeit
Nachteil: Muss mit anderen Werbemassnahmen beworben werden
Eignung für Communities: gut

interaktive Spiele
Beschreibung: Einbindung von Online-Spielen
Mögliche Einnahmen: unterschiedlich
Vorteil: Anbieter erhält volle Aufmerksamkeit, Fun für VC-Mitglieder
Nachteil: Aktion meist über längeren Zeitraum, lenkt vom eigentlichen Angebot ab.
Eignung für Communities: gut

Community-Syndication
Beschreibung: Implementierung eines Chat-Kanals auf dem Internetangebot des Werbekunden, welcher an den VC-Chat angebunden wird. Der Werbekunde erreicht so die kritische Masse an Chatter aufgrund der Syndication mit der VC.
Mögliche Einnahmen: unterschiedlich
Vorteil: Werbekunde profitiert von den VC-Chatter
Nachteil: zuviele Chatkanäle könnten den User verwirren, Traffic starke VC nötig.
Eignung für Communities: nur für grosse VC geeignet

Mobile Marketing SMS Community Update:
Beschreibung: Community-Mitglieder werden per SMS über Antworten auf Ihre Frage informiert.

Mögliche Einnahmen: die SMS-Kosten werden von einem Sponsor übernommen, Grundkosten SMS Versand: TKP 250 Euro + Werbekosten TKP (12snap.de)
Vorteil: Zusatzleistung für Community-Mitglieder, Werbung wird nicht übersehen.
Nachteil: langfristiger Sponsor erforderlich bzw. langfristige Buchungsauslastung, User ist nicht mehr anonym.
Eignung für Communities: sehr gut

Mobile Marketing SMS Gewinnspiel:
Beschreibung: Community-Mitglieder senden SMS an VC mit Username und können so am Gewinnspiel teilnehmen, Ergebnis wird über SMS zurückgesandt.
Mögliche Einnahmen: Werbeeinnahmen aus Sponsoring des Gewinnspieles.
Vorteil: Aktivität der Community, zusätzliche Bindung über Mobilephone.
Nachteil: User ist nicht mehr anonym
Eignung für Communities: sehr gut

Mobile Marketing Free SMS:
Beschreibung: Community-Mitglieder können über die VC gratis eine gewissen Anzahl SMS versenden. Jede SMS ist zum freien Text zusätzlich mit VC-Name und Sponsor versehen.
Mögliche Einnahmen: Werbeeinnahmen aus Sponsoring des Gewinnspieles.
Vorteil: Eigenwerbung und/oder Sponsorwerbung, Zusatznutzer für VC-Mitglied.
Nachteil: -
Eignung für Communities: sehr gut

Mobile Marketing im Detail
Rund 240 Millionen Mobiltelefone sind in Europa im Einsatz und vor allem die jüngere Zielgruppe ist via SMS erreichbar. Ein Potenzial welches nun auch langsam von der Marketingbranche entdeckt wird. Rund 7% der Marketingausgaben fliessen 2003 bereits ins Mobile Marketing und bis 2010 wird mit Umsätzen mit 7 bis 10 Milliarden gerechnet, so eine Studie von Mobile Marketing Association (MMA).
Auch VC beginnen mit Mobile Marketing zu arbeiten. Metropolis – Deutschlands grösste Community bietet so jedem Usern 25 gratis SMS an, sofern dieser an einer Umfrage teilnimmt. VC werden auch im Mobile Marketing im Vorteil sein, denn da sich die Mitglieder nach einiger Zeit heimisch in der VC fühlen, sind Sie eher bereit auch ihre Mobiletelefonnummer bekannt zugeben. Gratis Dienstleistungen wie Free SMS werden die Kundenbindung zur Community weitersteigern. Eigene Community-Logos und Klingeltöne werden bald die Identität der Mitglieder in die Öffentlichkeit tragen.
Wichtig dabei ist die Informationen (z.B. Mobiletelefonnummern) welche die Community-Mitglieder bekanntgeben, nicht weiterzuverkaufen. Sonst läuft man Gefahr, wenn diese in falsche Hände kommen, dass der Ruf der Community rasch geschädigt werden kann.

Hinweis
Dies sind einige der möglichen Werbeformen welche nicht auf Vollständigkeit beruhen, mit Sicherheit werden in Zukunft auch Werbeformen hinzukommen. Bei Erhöhung der Bandbreite des Internet werden in Zukunft vielleicht sogar kleine Werbevideos mit Bild und Ton eingeblendet werden können.
Die Preise können sich je nach Marktlage in die eine oder andere Richtung bewegen.

Einnahmen durch Produktverkauf

Alle auf den letzten Seiten aufgeführten Massnahmen können auch für die Steigerung des Produkt- oder Dienstleistungsverkaufs eingesetzt werden.
Es ist zu vermerken, dass die VC über genügend Mitglieder verfügen müssen, um folgende Möglichkeiten erfolgreich umzusetzen.

Produkteverkauf (Eigene bzw. eigener Vertrieb)

Beschreibung: Merchandising Artikel der Community, Produkte die besonders auf den Inhalt der Community zugeschnitten sind.
Mögliche Einnahmen: Marge
Vorteil: Benutzer kann sich mit der Community noch mehr identifizieren (Merchandising) oder erhält Produkte die er wünscht.
Nachteil: Die Community darf den Verkauf nicht übergewichten, der soziale Gedanke der Community muss erhalten bleiben. Einkauf/Verkauf/Logistik muss aufgebaut werden.
Eignung für Communities: hervorragend bei hoher Mitglieder-Anzahl

Produkteverkauf (Fremde)

Beschreibung: Fremdanbieter erhalten die Möglichkeit Produkte & Dienstleistungen in der Community anzubieten.
Mögliche Einnahmen: Provision
Vorteil: Aufwand für Einkauf/Verkauf/Logistik fehlt weg.
Nachteil: Abhängig von Fremdanbieter, Einfluss auf Produkte beschränkt.
Eignung für Communities: hervorragend, mit Webmining weiter optimierbar

Einnahmen durch Dienstleistungen

VC-Club-Mitglied:

Beschreibung: Club-Mitglieder erhalten gegen einen bestimmten Monatsbeitrag zusätzliche gratis Dienstleistungen wie z.B.
– E-Mail Konto
– eigener Webspace
– zusätzliche Free SMS
– Vergünstigungen z.B. beim Community-Shopping
– gratis Visitenkarten
etc.

Mögliche Einnahmen: Clubbeitrag.
Vorteil: Kundenbindung wird weiter erhöht.
Nachteil: Preisleistungverhältnis muss stimmen

Einnahmen durch Marktforschung

OnlineBus

Beschreibung: Umfragen in VC zu einem bestimmten Thema die für ein Unternehmen durchgeführt werden.

Mögliche Einnahmen: Bei OnlineBus Umfrage rund 375 Euro pro geschlossene Frage und 450 Euro bei offenen Fragen, Teilnehmerzahl 1000 (Comcult)

Vorteil: rasche Resultate

Nachteil: VC-Mitglieder sollten belohnt werden, da er wahrscheinlich die Resultate nicht erhält, weil die Daten nur dem Auftraggeber zukommen. Dadurch wird verhindert, dass die Konkurrenz die Infos kostenlos erhält.

Zielgruppenanalyse

Beschreibung: Welche Themen & Produkte sind in der VC im Trend, welche Altersschicht interessiert sich für welche Dienstleistung?

Ermittlung: VC-Mitglieder generieren Profile und Content. Mittels Data/Text Mining können daraus wertvolle Daten gewonnen werden, welche auch für andere Unternehmen interessant sind. z.B. bei einer Reisecommunity können die Beiträge nach Reisedestinationen durchgescannt werden, so wird erkannt, welche Regionen gerade im Trend liegen. Daraus lässt sich die entsprechende Region werbemässig mehr forcieren oder man entdeckt eine neue Destination.
Ebenfalls könnte die Destination mit den Userprofilen in Zusammenhang gebracht werden, welche Altersschichten, welche Destination bevorzugen.

Mögliche Einnahmen: unbekannt

Vorteil: rasche Resultate bei entsprechender Software, geringerer Aufwand als bei konventioneller Befragungen.

Nachteil: Interesse von Unternehmen an Analyse ist abhängig von Thema der Community bzw. Soziodemografie der Mitglieder.
Investition in Data/Text-Mining Software

Beispiel Einnahmenübersicht (in Euro)

Annahme: VC mit 1 Million PageViews pro Monat

Werbebanner Adimpressions 1 Million (60%[1] von TKP 20 Euro)	12000
Begrüssungsmail 900 Stk. basierend auf Chart S.19 (60% von 50 Euro)	27000
Total	39000

Somit wären die monatlichen Grundkosten (siehe Investitionsteil) bereits gedeckt. Weitere Einnahmequellen sind auf den vorhergehenden Seiten aufgelistet.

Die VC-Metropolis verzeichnet monatlich 40 Mio. PageViews und 1,5 Mio. Visits. Die 1 Millionen PageViews Grenze ist trotzdem nicht einfach zu erreichen. Sie ist abhängig von der Gestaltung, dem Thema der VC sowie dem Werbeaufwand.
In der Regel dauert es zwischen 2–3 Jahren bis eine VC die 1 Millionen PageViews Hürde überschreitet.

---

[1] Durchschnittliche Provision für Websitebetreiber gemäss Angaben von Publicitas Webservices

Teil 4

Zukünftige Entwicklungstendenzen und externe Einflüsse

Ethik

Die Frage nach Ethik und Moral ist in der virtuellen Welt oft die Frage nach dem richtigen Verhältniss zwischen Zensur und Freiheit im Netz. Aber auch dem Datenschutz kommt ein wichtiger Stellenwert zu. Um die Zensur und Freiheit zu regeln haben viele VC sogenannte Netiquette (Grundsätze zum Verhalten in der Community) zur freiwilligen Selbstkontrolle aufgeschaltet. Bei der Registration ist deshalb oft eine Einverständniserklärung mit diesen Grundsätzen erforderlich. Dadurch wird die Freiheit eingeschränkt. Für die meisten akzeptierbar, sind doch auch im «wirklichen Leben» die Rechte durch Gesetze eingeschränkt. Der Unterschied zum «wirklichen Leben» besteht darin, dass man in VC scheinbar anonym ist. Dies führt dazu das Äusserungen oft direkter und auch gegen bestehende Gesetze in der realen Welt verstossen. Obwohl Netquittes bestehen, halten sich einige wenige manchmal nicht daran und verletzen diese. Der VC-Master steht nun vor der Frage soll er die Beiträge löschen, dies würde einer klaren Zensur gleichkommen oder soll er die Beiträge stehen lassen und so vielleicht gegen die Pflicht von bestehenden Gesetzen in der realen Welt verstossen. Bei beiden Varianten besteht die Gefahr von den VC-Mitglieder böse Worte und Beiträge einzufangen. Auch muss man sich zwischen Zensur und freier Meinungsäusserung entscheiden. Keine leicht Aufgabe. Bevor ich auf die Antwort dieser Frage zurückkomme, möchte ich zuerst die Grundsätze des Internetzugangs erläutern. Das Internet ist ein interaktives Medium welches sich unedlich erweitern lässt. Einerseits verbindet es isolierte Menschen andererseits kann es bei denjenigen welche kein Zugang zum Internet besitzen, die Isolation im realen Leben verstärken. Mit der Entstehung des Internet stellten sich rasch Fragen bezüglich Wahrung der Privatsphäre, Sicherheit der Daten, Wahrheitsgehalt der Informationen und der Rechtslage. Da das Internet niemandem gehört ist es wenig greifbar. Für das Internet bestehen keine weltweit übergreifende Gesetze. Jedes Land regelt die Rechte etwas anderst, basierend auf den Landesgesetzen versucht man diese auf das Internet umzusetzen. Dadurch wird die anfängliche Möglichkeit der freien Meinungsäusserung im Internet, eines der Grundrechte der Menschheit, langsam aber sicher eingeschränkt. In einigen Länder wird das Internet auch zensuriert wie z.B in China. Ob dies nun gut oder schlecht ist, ist schwierig zu beurteilen, jedoch scheint eine gewisse Regulierung des Internets von Nöten. Das Internet darf Straftaten, welche im realen Leben strafbar sind nicht aktzeptieren. Schwieriger ist die Frage der Privatsphäre zu beantworten. Sollen die Menschen die Anonymität behalten oder wird man bald zum gläsernen Netsurfer. In einer unsicheren Zeit aufgrund von Terroranschlägen scheinen immer mehr eine leichte Kontrolle zu genehmigen um Terroristen und andere Straftäter zu ermitteln. Es ist unbestritten, dass Terrororganisation sich über das Internet koordinieren. Ohne Speicherung von Daten ist die Ermittlung meist nicht möglich! Bereits jetzt sind Provider teilweise verpflichtet Daten der einzelnen Usern zu speichern und bei Bedarf der entsprechenden Regierungen auszuhändigen. Die Anonymität ist also bereits verschwunden. Nun, ist dies bereits ein Einbruch in die Privatsphäre? Mit Sicherheit kann man beim Analysieren der Bewegunsdaten einiges über die Gewohnheiten und Neigungen einzelner Netsurfer feststellen. Dies ist ein klarer Eingriff in die Privatsphäre. Schweizer Provider sind z.B. verpflichtet Informationen über User bei Verlangen den Behörden zukommen zulassen, dies bis zu 6 Monate rückwirkend. Ermittelt werden IP-Adressen beim E-Mail Versand so wie Sender und Empfänger, das Datum sowie der Inhalt der E-Mail inklusive Betreff und Anhänge[1]. Dies dürfte nur ein Zwischenschritt sein. Amerikanische Behörden sind bereits befugt auch Beiträge in Foren und Chatrooms sowie Messaging-Dienste wie z.B. ICQ zu überwachen. Amerika begründet die Überwachung mit dem

«Kampf gegen den Terrorismus». Es ist aber klar, dass dadurch jeder Internetbenutzer überwacht werden kann. Der Bürger weiss dabei nicht was über ihn gespeichert wurde, wo dies geschah und ob die Informationen richtig oder falsch sind. Bedenklich ist vor allem, dass nicht bekannt ist, wer Zugang zu diesen Daten hat und was damit geschieht[2]. Nicht zu vergessen der Sicherheitsaspekt. Kann jemand anderst auf illegale Weise an die Daten gelangen? Ethisch stellt sich die Frage wie kann die Privatsphäre des ungescholteten Bürgers von der Überwachung gegenüber Straftätern und Terroristen getrennt werden.

Obwohl in Zukunft auch VC von Regierungen überwacht werden, stellt sich bei VC-Anbietern mehr die Frage was geschieht mit den Daten, welche in der Regel mit Zustimmung der Mitglieder erfasst werden. Unzählige Informationen können in VC von den User gewonnen werden, welche danach oft zu Marketingzwecken eingesetzt werden. Die Userinformationen sind dabei oft eine Vermischung zwischen realem und virtualen Leben, welche durch die Registration und Beiträgen in Foren, Chats sowie E-Shopping entstehen. Bei Marketingmassnahmen werden diese Daten als Handlungsgrundlage für das reale Leben verwendet. Ethnisch ist dies eine problematische Methode. Da evtl. falsche Angaben darin enthalten sind, welche durch falsch Interpretation der Verknüpfung entstanden sind. Die DataMining Software werden immer ausgereifter, Fehler können aber nicht ausgeschlossen werden. Amazon ermittelt zum Beispiel welche Bücher zusammen gekauft wurden. Der nächste Interessent erhält dann die Liste der gekauften Bücher welche andere gekauft haben nachdem sie dieses oder jenes Buch bestellt haben. Dabei kann es zu bizarren Empfehlungen kommen, welche moralisch bedenklich sind. Mittlerweilen ist das System aber sehr ausgereift.

Nun kommen wir wohl zum Hauptthema in VC – die Redefreiheit. Ethnisch eine äusserst problematische Angelegenheit. Politische Propaganda, Desinformation und Diskriminierung aber auch die Vermischung von verschiedenen Autoren bei Beiträge zu einem Thema, im speziellen bei Zitatswiederholungen, können den Kernaussage rasch verfälschen. Sollen nun diese Beiträge, welche gegen internationale Rechte verstossen, zensuriert werden, was dann gegen die Menschenrechte verstossen würde? Am besten setzt man hier Präventivmassnahmen ein. Eine davon ist der Netiquette. Hier sollten ethnische Grundsätze enthalten sein wie «*Handle so, wie du von anderen erwartest, dass sie dir gegenüber handeln*» oder «*Würde ich mich wohlfühlen, wenn ich diese Handlung in der breiten Öffentlichkeit erklären müsste?*» *(Laczniak/Murphy)*.

Desweiteren gibt es die Möglichkeit sogenannte Filterfunktionen einzubauen, welche gewisse Mitglieder ausblenden können. Das VC-Mitglied könnte so zum Beispiel selber bestimmen ob die entsprechenden Beiträge von Mitglied XY angezeigt werden sollen oder nicht. Auch würde die Option bestehen gewisse Beiträge nur bestimmten Mitgliedern sichtbar zu machen. Eine Art Selbstzensur.

Nach Aussagen von einigen VC-Mitglieder ist es erwünscht, dass Foren und Chats moderiert werden. Dies heisst Störenfriede auszuschliessen und für Recht und Ordnung in der VC zu sorgen. Moderatoren führen aber auch Neumitglieder ein und sorgen dafür, dass der Netiquette in der VC rasch bekannt wird und beugen so vor, damit nicht unschöne Äusserungen entstehen.

---

[1] http://www.heise.de/tp/deutsch/inhalt/te/12531/1.html
[2] http://www.nethics.net/nethics/de/themen/privacy/verdoppelte_welten.html

Datenschutz(gesetz)

Beim Verwenden von Benützerdaten stellt sich immer wieder die Frage ist dies erlaubt und ethnisch vertretbar. Diese Frage ist schwierig zu beantworten. Das Gesetz für den Datenschutz im Internetbereich ist erst am Entstehen. Die bestehenden Gesetze nicht für den Internetdatenschutz optimiert. Auch ethnisch stehen wir vor einem Wendepunkt. In dem Anonymität und Datenschutz nicht mehr an erster Stelle stehen, sondern die Sicherheit. Diese kann nur gewährleistet werden, wenn menschliche Daten erfasst werden können[1]. Diese Thematik wird in den nächsten Jahren zu Konflikten führen. Die Auswirkungen werden dabei auch das Internet betreffen und es ist sogar zu erwarten, dass Benutzerdaten aufgrund von Gesetzesvorschriften über längere Zeit gespeichert werden müssen.

Der Schweizer Datenschutzbeauftragte, gestützt auf Seite 95 des «OECD Generator für Datenschutz Mustererklärungen und Richtlinien des Europarates über den Schutz der Privatsphäre im Internet» empfiehlt den Community-Besucher, bei Angaben von persönlichen Daten, über folgende Punkte zu informieren[2]:

«Welchen Rechtsbestimmungen untersteht die Datenbearbeitungspraxis des Anbieters?
Welche Personendaten werden gesammelt und zu welchen Zwecken?
Welche Daten werden an Dritte weitergegeben und für welche Zwecke?
Welche Wahlmöglichkeiten zur Bearbeitung seiner Daten stehen dem Benutzer zu?
Welche Rechte (insb. Auskunfts- und Berichtigungsrecht) hat der Benutzer?
Welche Stelle beantwortet Fragen über die Bearbeitung von Personendaten?
Welche Sicherheitsmassnahmen werden zum Schutz von Personendaten angewendet?
Schliesslich ist die Erklärung auf der Website so zu plazieren, dass sie für den Benutzer leicht zugänglich ist.»

davor sollte man sich als Community-Betreiber über folgende Punkte Gedanken machen:

«Wie und woher (interne externe Quellen) werden Personendaten beschafft?
Zu welchen Zwecken werden Personendaten gesammelt?
Zu welchen Zwecken werden Personendaten verwendet?
Wer ist für die Kontrolle der gesammelten Personendaten verantwortlich?
Wie und wo werden Personendaten gespeichert?
Zu welchem Zweck werden Personendaten mit Dritten ausgetauscht?
Existieren bereits Richtlinien oder Vorschriften für das Sammeln, das Bearbeiten und die Weitergabe dieser Daten?
Besteht bereits die Möglichkeit der Einsicht und der Berichtigung der Daten?»

Das Schweizer Datenschutzgesetz (Stand 1. Juli 1993) – Datenerfassung

Alle gesammelten Personendaten unterliegen dem Datenschutzgesetz. Personendaten dürfen demnach nicht gegen Treu und Glauben erhoben werden. Dies bedeutet die Datenerfassung ist nicht erlaubt, sofern der Benutzer nicht mit der Erhebung von Daten rechnen muss bzw. auch nicht damit einverstanden wäre. Ebenfalls darf der Benutzer nicht mit absichtlicher Täuschung oder falschen Informationen zur Eingabe verführt werden. Diese Personendaten sind unrechtmässig und verstossen gegen das Datenschutzgesetz in der Schweiz[3].

---

[1] Trendletter, http://www.trendletter.de/1000/1300_high2010.html, 30. September 2002
[2] http://www.edsb.ch/d/doku/jahresberichte/tb7/kap6.htm#52
[3] http://www.edsb.ch/d/doku/leitfaeden/sammlungen/k3.htm

Bearbeitung von Personendaten

Die Daten dürfen nur für den Zweck bearbeitet werden, welcher dem Benutzer angegeben wurde. *«Das bedeutet, dass beispielsweise Adressen, die für einen Wettbewerb erhoben wurden, nicht zu anderen kommerziellen Zwecken verwendet werden dürfen.»*[1]
Für die Bearbeitung der Daten ist die ausdrückliche Zustimmung der betroffenen Person nötig. Nicht mehr benötigte Daten sind zu löschen.

Datensicherheit

Artikel 7 des DSG schreibt vor, das Personendaten durch angemessene technische wie auch organisatorische Massnahmen gegen unbefugtes Bearbeiten zu schützen sind. Der Eidgenösische Datenschutbeauftragte hat dazu eine Broschüre bereitgestellt, welche Sie unter info@edsb.ch beziehen können.[2]

Datenweitergabe

Personendaten dürfen nur an Dritte weitergegeben werden, sofern sie nicht gegen gesetzliche Pflichten sowie gegen die Verletzung der Persönlichkeit im Sinne von Art. 12 und 13 des DSG verstossen. Grundsätzlich ist das Einverständnis der betroffenen Person nötig.[3]

Auskunftsrecht

Personen die sich in der Datensammlung befinden, haben das Recht kostenlos Auskunft über alle Daten zu erhalten. Die betroffene Person kann Korrekturen oder die Löschung des Eintrages verlangen.
Bei Umgehen des Auskunftrechtes drohen dem Inhaber der Datensammlung strafrechtliche Folgen, welche Busse oder Haft zur Folge haben können.[4]

Ausführliche Informationen zum Datenschutzgesetz sind abrufbar unter www.edsb.ch.

Das Schweizer Datenschutzgesetz beruht im wesentlichen auf den Richtlinien der Vereinten Nationen welche an der Generalversammlung am 14. Dezember 1990 beschlossen wurden.

Da virtuelle Communities im Normalfall auf der ganzen Welt erreichbar sind, sind ebenfalls die Datenschutzgesetze anderer Länder zu beachten.

Informationen zum europäischen Recht erhalten Sie unter:
http://www.datenschutz-berlin.de
http://www.bfd.bund.de/europa/EU_richtl_de.html

Die europäische Charta ist abrufbar unter:
http://db.consilium.eu.int/df/default.asp?lang=de

---

[1] http://www.edsb.ch/d/doku/leitfaeden/sammlungen/k4.htm
[2] http://www.edsb.ch/d/doku/leitfaeden/sammlungen/k8.htm
[3] http://www.edsb.ch/d/doku/leitfaeden/sammlungen/k12.htm
[4] http://www.edsb.ch/d/doku/leitfaeden/sammlungen/k15.htm

Bedeutung von virtuellen Communities für das Marketing

Die Werbeausgaben von Unternehmen im Online-Bereich stiegen 2002 weiter an, während dem die Werbeinvestitionen in den anderen Bereichen rückläufig waren. Gemäss einer publizierten Umfrage im Magazin «absatzwirtschaft» unter 309 Unternehmen, werben 71% davon bereits im Internet und 27% setzen dabei schon 10% des Werbebugets ein. Die Internetwerbung verzeichnete 2002 gegenüber 2000 einen Zuwachs von 21%, die Werbung in Tageszeitungen hatten im gleichen Zeitraum einen Einbruch von 14%. Dies zeigt auf, dass die Akzeptanz des Internets stetig zunimmt.[1]
Ebenfalls steigen die Umsätze im E-Commerce 2001 im Vergleich zu 2000 in Gesamteuropa um 60%. Für 2002 wurde ein Umsatz von 32,8 Milliarden Euro budgetiert. Forrester Research rechnet bis 2006 mit einem Umsatz von 147,5 Milliarden Euro in Gesamteuropa. Für 2003 erwartet Forrester, dass die Online-Konsumenten 57% mehr ausgeben als noch 2002.[2]
Wie die Zahlen zeigen, wird Internet-Marketing für die Unternehmen immer wichtiger, die anfängliche Unsicherheit beim Internet-Shopping ist langsam verflogen und die Internetuser haben vertrauen zum Internet gefasst.
In der Zeiten der Rezession ist auch eine Zunahme von Online-Partnerschaften zur Kundengewinnung festzustellen. Gründe dazu sind knappe Budgets und der schnellere Weg zur Umsatzsteigerung und Kundengewinnung.

RTL mit Vodafone, eine Partnerschaft während dem TV-«Superstar»-Event

Oft werden in Onlinepartnerschaften nur gewonnene Kunden bezahlt. Amazon erreicht mit diesem System so die Gewinnzone und vergütet den Partnern für jeden Verkauf bis zu 15%.
Mittlerweilen ist auch Europa auf den Gedanken gekommen Partnerschaften einzugehen. So arbeiten Karstadt und Swarowski zusammen. Ebay mit Tomorrow Focus AG und RTL verbündete sich mit Mobilriese Vodafone.
Nicht überall wie rechts bei RTL ist die Einbindung an das «Look and Feel» der Partnerseite angepasst. Oft happert es hier noch, obwohl in 66% der Fälle die Umsätze dadurch verdoppelt werden könnten. RTL weist mit 219 Partnereinbindungen im deutschsprachigen Raum mit Abstand die grösste Anzahl Partner auf, AOL erreicht 52 und die Konsumenten-Community «Ciao» erreicht Platz drei mit 44 Partnern. Auf der anderen Seite ist E-Bay bei 5 von den 20 Top-Portalen vertreten, Amazon folgt dahinter. Beide Unternehmen gehören zu den erfolgreichsten Internethändlern.
Am häufigsten sind Angebote aus dem Bereich «Büro, EDV, Kommunikation» auf Partnersites anzutreffen gefolgt von «Medien» und «Shop-Portalen». Die Lebensmittelbranche liegt auf Rang 4 noch vor Partnern aus dem Touristik-Sektor. Praktisch nicht vertreten sind Partner aus dem Bereich Bildung, Babyprodukten, Haustieren oder Immobilien.[3]
Durchschnittlich schliessen 0,5 – 2% der Besucher, welche auf das Partnerangebot aufmerksam geworden sind, Verkäufe beim Partner ab.[4]
Die Zahlen zeigen auf wie bedeutend Internet-Marketing bereits geworden ist. Bedenkt man, dass die Akzeptanz erst in den letzten Jahren gestiegen ist und die Partner noch längst nicht alle total integriert sind. Nach einer Studie von IVW ist dies erst bei 13% der Fall. Über 70% der Partner sind nur mittels Link eingebunden.

[1] www.absatzwirtschaft.de, Online Werbung wächst gegen den Trend, 13. August 2002
[2] www.ecin.de, Internetnutzung in Europa,14. März 2002
[3] www.upside.de, Online Partnerschaften 2002, PDF-File
[4] www.tradedoubler.de

VC werden neben Portalen in Zukunft eine der wichtigsten Marketingplattformen für Unternehmen werden aufgrund der Vielzahl der Einbindungsmöglichkeiten und Interaktivität. Dies bestätigt auch die Studie von Emnid im November 2002: *«Unternehmen, die ihre Produkte im Internet positionieren und ihren Internet-Nutzern in einer Community anbieten, sind erfolgreicher und erreichen eine höhere Kundenbindung gegenüber nicht nutzerspezifischen Angeboten. Höheres virales Marketing mit geringeren Streuverlusten, stetig wachsende Zugriffszahlen und eine häufigere Wiederbesuchsabsicht als Bindungsindikator sind die Erfolgsfaktoren für die Betreiber von Internet-Communities.»*
Auch erkennt die Studie die Möglichkeit der Online-Marktforschung in VC, welche durch Data-/Textmining wichtige Prognosen für gezielte Marketing-Massnahmen bereitstellt.
Marketingfachleute werden in Zukunft vor allem die Möglichkeit des virales Marketing in VC zu schätzen wissen, rasch wird das Zielpublikum erreicht und das Marketing läuft durch Mund-zu-Mundpropaganda von selbst, was will man mehr!
Jedoch muss auch darauf hingewiesen werden, dass nicht jede virale Kampagne erfolgreich ist. Erfolg und Misserfolg liegen oft nahe beieinander.
Unternehmen welche eigene Communities für ihre Produkte aufziehen möchten, dürften Schwierigkeiten haben die kritische Masse zu erreichen, da sich Communities am Anfang eher langsam entwickeln und plötzlich explodieren. Dies kann einige Jahre dauern. Deshalb empfiehlt sich hier, sich mit einem VC-Partner zusammenzutun und die Foren und Chat auf der eigenen Produkteseite dem «Look-and-Feel» anzupassen, den Inhalt aber auch gleichzeitig über die «Mutter»-Community laufen zu lassen, welche das Forum und den Chat als Channel einbaut. So profitiert man von den bestehenden Mitglieder und erreicht die kritische Masse. Partnerschaften mit VC werden Trend der Zukunft sein.
Die Trendforscherin Faith Popcorn hat bereits 1997 in den Megatrends den Erfolg von Communites vorhergesagt. Der Trend «Clanning», die Rückbesinnung auf Gruppenbildung, der Verbundenheit hat sich vor allem in unsicheren Zeiten beschleunigt. «Gemeinsam sind wir stark» ist einer der Erfolgsfaktoren von VC. Vernachlässigen Sie diesen Punkt nicht. VC dürfen nicht zu reinen Marketinginstrumente werden, ansonsten dürften die Mitglieder die Gemeinschaft mit Herzschmerz verlassen und es gibt Verlierer auf beiden Seiten. Marketing in Communities sollte immer ein Zusatznutzen für VC-Mitglieder bieten. So ist virales Marketing ein geeignetes Mittel für Communities. Kostenloses, Fun und Unterhaltung werden bei den meisten VC-Mitglieder gut ankommen. Dank der Virtualität kann der Erfolg auch rasch gemessen werden und so entsprechend darauf reagiert werden. War es in der realen Welt oft nur wage möglich den Erfolg zu schätzen. Kann die VC durch Auswerten der generierten Daten klare Resultate liefern bzgl. wieviel Menschen die Botschaft gesehen, geklickt oder schlussendlich auch ein Kauf getätigt haben. Natürlich gibt es hier auch eine Grauzone, aber diese ist wesentlich geringer als bei konventionellen Werbekampagnen.
Die VC sind aber nicht nur auf die Virtualität beschränkt, Tendenzen zeigen, dass VC's auch das reale Leben beeinflussen können. Je grösser die VC wird umso mehr dürfte dies in Zukunft zunehmen. So gibt es bei Metropolis schon mehrmals monatlich Chattertreffen in der realen Welt und bereits über 30 Babies wurden durch das Kennenlernen in der VC geboren. Chancen für die Marketingabteilungen auch bei diesen Ereignissen zu werben bzw. Produktmuster abzugeben sind in Takt. VC bieten unzählige Möglichkeiten auf Produkte und Dienstleistungen aufmerksam zu machen sei es im virtuellen oder vielleicht in Zukunft auch im realen Raum.
Fazit: VC werden für das Marketing immer wichtiger. Einerseits werden Kampagnen am Erfolg gemessen, andererseits kann die Zielgruppe genau und auch individuell angesprochen werden zudem ist mit geringeren Kosten zu rechnen, da Druckkosten von Prospekten und Direct-Mailings entfallen. Gegenüber anderen Internetangeboten profitieren VC von detaillierten Benutzerprofilen sowie meist über viele langjährige Kunden bzw. Mitglieder die Vertrauen in die VC gewonnen haben.

---

[1] http://www.emnid.tnsofres.com, Erfolgsfaktor Internet Community, 11.2002

Literaturverzeichnis

Armstrong Arthur G., Hagel III John, Net Gain, Falken Gabler, Niedernhausen 1999, Lizenzausgabe

Armstrong Gary, Kotler Philip, Sauders John, Wong Veronica, Grundlagen Marketing, Pearson Studium, München 2003, 3. Auflage

Fill Chris, Marketing-Kommunikation, Pearson Studium, München, 2001, 2. Auflage

Gerken Gerk, Cyberselling, Durch Communities zur neuen Masse, Metropolitan, Düsseldorf, Berlin, 2001

Gerken Gerd, Die fraktale Marke, Eine neue intelligenz der Werbung, ECON Verlag, Düsseldorf, 1994

Grotenhoff Maria, Stylianakis Anna, Website Konzeption, Galileo Press GmbH, Bonn, 2002, 1. Auflage

Grothe Dr. Martin, Präsentationsunterlagen, i-d media, Berlin, 2001

Hagel III John, Armstrong Arthur G., Net Gain, Falken Gabler, Niedernhausen 1999, Lizenzausgabe

Horx Matthias, Wippermann Peter, Was ist Trendforschung, Econ, Düsseldorf 1996, 1. Auflage

Kim Amy Jo, Community Building, Galileo Press GmbH, Bonn, 2001, 1. Auflage

Kotler Philip, Armstrong Gary, Sauders John, Wong Veronica, Grundlagen Marketing, Pearson Studium, München 2003, 3. Auflage

Kumar V., Reinartz Werner, The Mismanagement of Customer Loyalty, Harvard Business Review, Juli 2002

Pawlowitz Nina, Kunden gewinnen und binden mit Online-Communitys, Campus Verlag GmbH, Frankfurt/Main 2001

Reinartz Werner, Kumar V., The Mismanagement of Customer Loyalty, Harvard Business Review, Juli 2002

Sager Rémy, Netguide E-Marketing 2003, netzwoche (netzmedien), Basel 2002/www.nemuk.com

Sauders John, Kotler Philip, Armstrong Gary, Wong Veronica, Grundlagen Marketing, Pearson Studium, München 2003, 3. Auflage

Seiler Raphael, Netguide E-Marketing 2003, netzwoche (netzmedien), Basel 2002

Stylianakis Anna, Grotenhoff Maria, Website Konzeption, Galileo Press GmbH, Bonn, 2002, 1. Auflage

Wippermann Peter, Horx Matthias, Was ist Trendforschung, Econ, Düsseldorf 1996, 1. Auflage

Wong Veronica, Kotler Philip, Armstrong Gary, Sauders John, Grundlagen Marketing, Pearson Studium, München 2003, 3. Auflage

Internetseiten:

Datenschutz

Trendletter
http://www.trendletter.de/1000/1300_high2010.html, 30. September 2002
Eidg. Datenschutzbeauftragter
http://www.edsb.ch/d/doku/jahresberichte/tb7/kap6.htm#52
http://www.edsb.ch/d/doku/leitfaeden/sammlungen/k3.htm
http://www.edsb.ch/d/doku/leitfaeden/sammlungen/k4.htm
http://www.edsb.ch/d/doku/leitfaeden/sammlungen/k8.htm
http://www.edsb.ch/d/doku/leitfaeden/sammlungen/k12.htm
http://www.edsb.ch/d/doku/leitfaeden/sammlungen/k15.htm
Akademie
http://www.akademie.de/websiteaufbau/tipps_tricks/content_vermarktung/content/virtuelle_hausrecht_druck.html

Statistiken, Umfragen, Marktforschung

Emnid
http://www.emnid.tnsofres.com
Nielsen//NetRatings
http://www.nielsen-netratings.com

Forrester Research
http://www.forrester.com

weitere
http://www.absatzwirtschaft.de, Online Werbung wächst gegen den Trend, 13. August 2002
http://www.ecin.de, Internetnutzung in Europa,14. März 2002
http://www.upside.de, Online Partnerschaften 2002, PDF-File

Nachrichten
Heise
http://www.heise.de/tp/deutsch/inhalt/te/8165/1.html

ZDNet
http://news.zdnet.de/story/0,,t101-s2048231,00.html

E-Business
Dr. Web
http://www.drweb.de/mehrbesucher/communities_1.shtml

community
everyday –
everytime.
at.dot.net

see ya there